# 音乐表演专业论文写作基础

高拂晓 著

时代出版传媒股份有限公司
安徽文艺出版社

图书在版编目（CIP）数据

音乐表演专业论文写作基础/高拂晓著. —合肥：安徽文艺出版社，2018.10(2023.12 重印)
ISBN 978-7-5396-6460-6

Ⅰ. ①音… Ⅱ. ①高… Ⅲ. ①音乐表演－论文－写作 Ⅳ. ①H152.3

中国版本图书馆 CIP 数据核字(2018)第 201600 号

出 版 人：姚 巍
责任编辑：段晓静 刘正伟 装帧设计：张诚鑫

出版发行：安徽文艺出版社 www.awpub.com
地 址：合肥市翡翠路 1118 号 邮政编码：230071
营 销 部：(0551)63533889
印 制：合肥创新印务有限公司 (0551)64456946

开本：700×1000 1/16 印张：10.25 字数：200 千字
版次：2018 年 10 月第 1 版
印次：2023 年 12 月第 4 次印刷
定价：36.00 元

# 目　　录

前　言 / 001

第一章　思考与研究 / 001

第一节　思考是基础 / 001

第二节　标题与问题 / 005

第三节　资料的搜集 / 010

第四节　综述的意义 / 015

第二章　语法与修辞 / 020

第一节　语言转换问题 / 020

第二节　基本语法结构 / 025

第三节　完善语法功能 / 030

第四节　句子的连接 / 038

第三章　逻辑与结构 / 043

第一节　篇章布局安排 / 043

第二节　段落结构策略 / 053

第三节　其他结构写法 / 058

第四节　理论运用问题 / 064

**第四章　例证与技巧 / 072**

第一节　谱例和图表选择 / 072

第二节　分析与表演的关系 / 077

第三节　音响与版本比较 / 083

第四节　材料运用及其他 / 088

**第五章　规范与标注 / 093**

第一节　规范的含义 / 093

第二节　文献标注问题 / 100

第三节　其他规范情况 / 107

第四节　学位论文规范 / 115

**第六章　学习与创造 / 122**

第一节　学习的方法 / 122

第二节　例文学习(一) / 128

第三节　例文学习(二) / 136

第四节　创造性写作 / 142

**后　记 / 147**

**参考文献 / 150**

# 前　言

目前，国内开设音乐表演专业的大学有几百所，这意味着，这些学校的学生必须提交一篇毕业论文才能毕业；也意味着，这些学校的教师必须发表论文以满足教师科研需要。无论对于老师还是学生来说，音乐表演专业的论文写作都是必不可少的要求。近年来，随着我国学位教育的发展和深化，表演专业的博士学位也开始设立，那么对于研究生教育，论文写作更是一项硬指标。“写作”实际上是“研究”。论文写作是一个长期的系统工程，需要一定的学术训练，而非一蹴而就。从学生时代的论文写作到教师层面的科研论文，这是一个具有延续性的过程。如果学生时期缺乏论文写作方面的训练，没有很好地掌握研究的思路和方法，那么到教师时期必然难以完成有质量的科研成果。因此，对于音乐表演专业的学生和教师来说，论文写作都具有很重要的意义。

但是，音乐表演专业的论文写作问题并未引起足够的重视。从事音乐表演专业的人把主要精力、时间和任务都用在表演这门实践课上。论文写作对他们来讲有一定的难度，因为写作属于研究，论文写作是一门理论课。在理论与实践之间产生了一条鸿沟，使得很多从事音乐表演专业的人长期感到困惑。他们常常认为，理论对于实践没有什么实际作用，因而，对于写作也同样忽视。这就造成了只有在当他们遇到必须要交论文的时候，才去慌忙拼凑一些文字，这也导致音乐表演专业的论文质量一直不高。实际上，论文写作是一种研究能力的反映，而音乐表演需要研究精神。一个表演者是否具有研究能力，将直接体现在他的思维水平、创新程度、表达能力、舞台表现、教学水平、传承能力等方面，并决定着他所能达到的艺术高度和对音乐表演的贡献。因此，从研究的角度去思考表演问题不失为一条把理论和实践相联系的途径。

在音乐领域（目前一级学科名称为“音乐与舞蹈学”），表演专业是一个大的类属，包含声乐和器乐（包括西洋乐器和中国民族乐器），与之平行的有作曲专业、音乐学专业、音乐教育专业、音乐治疗专业等。不同专业的论文写作，既有相同的写作规范要求，也有很不一样的研究目的和方法。比如，音乐学的论文写作就分不同的专业方向，各有自己的特点。史论方向的论文写作以大量文献为基础，美学方向的论文需要逻辑思辨的分析，民族音乐学方向的需要以大量田野工作为基础，等等。当然它们之间也存在相互借鉴和融通的地方。再比如，作曲专业的论文写作分为作曲技术理论分析和作曲创作方向，作曲技术理论分析强调技法分析，特别是分析方法的运用。这些专业方向不同的论文写作，都由专业指导教师来指导。然而，对于音乐表演专业的论文写作来说，却很难找到可以直接借鉴的经验，或者所谓“写作模式”来参考。音乐表演专业的论文写作具有很强的特殊性，有它特定的研究对象、研究目的和研究方法，这正是本书所要论述的重点，也是本书的意义所在。

音乐表演专业的论文写作不同于音乐学的论文写作，不需要堆砌太多的文献，深入文献去分析和比较学术背景和理论的来龙去脉，但是却需要阅读文献和总结文献并合理引用文献以提供论证；音乐表演专业的论文写作不同于作曲技术分析的论文写作，不需要从头到尾地分析作品的旋律、节奏、和声及曲式结构等技法，但需要抓住要点，以作品分析为基础，并把分析的要点与表演阐释结合起来提供论据；音乐表演专业的论文写作不同于音乐教育专业的论文写作，不需要采用调研报告和教学案例去陈述教育观点，但可以把教学中的体会和心得转化为对作品的理解和表演技法阐释以表达观点，等等。由此可见，音乐表演专业的论文写作有自己的特点，同时也可以吸收一些其他专业方向论文写作的精华。

总之，音乐表演专业的论文写作是以一般论文写作为基础的，但又有自身专业特色，以“表演”为导向的写作。所有材料、例证、分析、阐述，都应该以“表演”为目标，只要朝着这样一个方向，围绕这样一个核心，就能体现音乐表演专业论文的特点。千里之行，始于足下，首先必须从思考开始。

高拂晓

2018.5

# 第一章　思考与研究

毫无疑问，所有学术论文的写作都是一种研究过程的反映，都是从思考开始的。思在前，写在后。从选题到资料搜集，都围绕着对特定问题的思考来展开。音乐表演专业的论文所要思考的内容主要来自实践，研究者应该立足于自身的表演实践进行思考，"量体裁衣"，逐渐把实践中的问题与相应理论联系起来展开写作。

## 第一节　思考是基础

哲学家笛卡尔有句名言："我思故我在。"[①]意思是，因为我思考，所以我存在。我们无法否认自身的存在，因为当我们否认自身存在的时候，我们自身就已经存在了。思考必须依托一个思考者，这个思考者就是正在思维着的我。只有当我用理性来思考的时候，我才获得了存在的意义。简而言之，思考赋予了人生意义。这种认识论移植到论文写作上的全部要义就是：由于是我的思考，所以我的音乐表演论文才有意义。

从事音乐表演专业的人常常缺乏思考，这是一个不容否认的事实。表演专业的师生把大量时间和精力都放在表演实践上。从表演者的训练过程可以看出，技巧性的长期反复，终年如一日，强调的是技巧。长期的舞台表演经验，使表演者的技艺日趋成熟，但容易产生一个现象，即"表演

① 笛卡尔在《谈谈方法》中提出他的哲学第一原理是"我想，所以我是"。〔法〕笛卡尔：《谈谈方法》，王太庆译，北京：商务印书馆，2000年，第27页。

惯性”。我称之为“表演惯性”,是指由于长期的表演习惯和经验积累,会形成一种表演无意识,导致在舞台上的表演就像物理惯性一样,相同的动作、相同的表情、永恒的技术!而阐释呢?很多表演者常常说不清楚为什么要那样演奏或演唱。“我觉得它就应该是那样的!”这种强烈的“直觉”或者“自我感觉”绝不是一个完美的理由。这样就会显得比笛卡尔的“我思故我在”更主观,因为缺乏理性,且没有哲学基础。那么如何“思考”呢?

音乐表演专业的论文写作,思考应该注意以下几个方面。

第一,养成思考的习惯。任何一个从事专业表演的人,都有长期的表演实践经验,这是非常宝贵的财富。理论来自实践,从自身的实践出发去思考是最为可取的思考途径。在长期的实践训练中,一定有很多问题是曾经被师长提出来,且自己也在不懈努力的,从这些方面去思考,可以提炼出很多内容来。因为思考的这个过程会影响我们后面所要讲到的选题问题,所以一定要在实践中养成思考的习惯。有很多学生不善于思考,表演训练过程都是遵循老师的指导和教诲,以至于即使自己有一些想法,也不敢提出来,怕冒犯了教师的权威,或者名师名家的权威。类似这样的一些观念抑制了思考的展开。表演的训练的确是一个科学化和体系化的过程,科学化的训练非常重要。教师在教学过程中一般会按照自己的经验来教学,每个教师各不相同。但表演艺术最终是很个性化的呈现,不管通过多么程式化的训练,最终舞台上的表现都是一种综合的艺术性表现,也是个性的表现。表演除了受技术技巧的影响,还受直觉、情感、悟性等因素的影响,更受文化底蕴和艺术修养的影响。表演专业的人同样应该具有理性思维。一方面,作为学生,对老师提出来的问题要反复思考,或者说“琢磨”;同时也要大胆提出问题,与老师进行探讨。这是学习的最佳机会,绝不要吝于向老师提问。老师回答问题的方式和指导的方法能体现出老师的水平和艺术造诣。另一方面,作为教师,对自己的教学内容和方法应该不断思考,要有钻研精神。由于受到师承关系的影响,很多教师很难向同行请教,但是表演专业的教师又不能停止研究和思考,这就要求他们有很强的独立研究能力。其实教师之间也应该突破门户之见,形成讨论的氛围,这有助于教师群体科研能力的提高。无论学生还是教师,都应该把主动思考作为艺术实践的重要部分,才有可能在此基础上开始写作。

第二,把感受最深的内容作为思考的关键问题。感性思维是表演专业的人最擅长的,作为一个表演者或者优秀的艺术家,需要用丰富的情感体验和生活经验去积累艺术经验。但对于论文写作来讲,又不能只是停留在"只可意会,不可言传"的感性状态。这就必须通过逻辑思维来产生一个连接的通道。为了形成论文的选题,这就要求表演者仔细深入自身经验,思考在自己的表演训练中,有什么专业上的问题是自己最感兴趣的,换句话说,有什么困难是自己最需要解决的,有什么道理是自己最需要弄明白的。同时,任何技术训练都是以作品为依托的,那么就会有另外一个方面的思考产生,比如,什么作品是自己最感兴趣的、最喜欢的?什么风格是自己最擅长的或最不擅长的?应该怎么把握不同作品的风格?一部作品最有价值、最有意义的地方在哪里?为什么要演奏或演唱这样的作品?作品中哪些地方是最难演奏或演唱的?哪些地方是一部作品最打动人、最精彩的?什么特征决定了一部作品成为自己所喜欢的类型?等等。进一步:"为什么"。所有这些问题的思考都试图说明这样一个观点:就是只有把自己感受最深的内容作为思考的主要问题,才可能形成有意义的论文选题。而当我们进一步思考"为什么"的时候,就不得不迫使自己提供多个理由,从而深入思考。建议研究者至少要为自己思考的问题找出三个可能的原因,并记录下来,为形成论文的写作框架做好准备。

第三,以读者意识转换思考角度,深化研究。由内心而发的情感和思维状态是一种具有主观性的思考状态,它表明了我们的兴趣点所在,受我们每个人的思维结构的影响。但是对于论文写作来讲,作者不仅阐发自己的感受和观点,也要知道写出来的东西面对的读者是谁,写给谁读。任何一篇文章,不管作者是否意识到它所面对的读者群是谁,它都必定具有一个读者指向。作为作者,如果能在写作思考的过程中不时地想想读者是谁,从作者视角转换成读者视角来审视自己的思考过程以至写作过程,那么,这篇论文就会具有很强的针对性,在接下来的论证过程中也会体现出更强的说服力。有时候,由于角度的不同,作者想写的和读者想了解的不尽相同,这就会导致作者写了很多自己想写的,但是读者根本不想读这些,而想知道另外一些内容。那么,如果把作者角度转换成读者角度,研究者就要试图明白,作为读者,你想通过一篇论文知道什么?这种读者意识会直接决定你的写作方式和表达方式,它会调整你的思考逻辑。“读者意识”将使一篇论文无论从宏观的篇章结构,还是微观的句法结构,都体现出更清晰的思路。举个例子,假如我们看了一段文字之后难以理解,那我们一定会有这样的疑问:是自己的理解能力有问题,还是作者没有表达清楚?如果是我要怎么表达?任何一段文字都可以用不同的方式表达。设想一下,如果作者重新表述之后会不会更容易理解?当然这涉及语法的问题,而且已经进入从编辑意识看论文写作的视野,是论文修改阶段的任务了。

第四,要注意思考的可行性和适当性。表演专业的人思维非常活跃,有很强的跳跃性,但缺乏逻辑性。因此要注意,思考不能天马行空、不着边际,虽然想象力是创造力的源泉,但要注意“量体裁衣”,要相信只有适合自己的才是最好的,思考中不要贪大求全。所以我们在思考自己的研究兴趣时,要把这种兴趣和自己的知识结构相匹配,去评估自己是否能胜任,或者通过努力是否能够达到这个目标。比如,有的人对心理学问题很感兴趣,就想研究表演心理,但实际上却对心理学理论一无所知,对心理学的研究方法更是从来没有接触过,对用心理学理论来阐释表演问题更是毫无经验。在这种情况下，如果从事这样的研究，就得从头学起，就要阅读大量的有关心理学的著作和论文，还要阅读大量的音乐心理学方面的资料，掌握相应的研究方法。这时，研究者就必须思考，以自己的精力是否能够在一定的时间内完成这样的任务，从而谨慎选择自己的研究方向。特别是对于做学位论文的研究生来说，这种可行性和适当性显得尤为重要。换句话说，要用自己擅长的知识结构来思考。当然，研究者要努力完善自己的知识结构，为了使自己的思考面更宽，也要努力拓宽自己的知识面。对于教师写论文而言，如果真正发现自己的研究兴趣正是自己的知识盲点，那么可以通过一段时间的集中学习来努力弥补这样的缺陷，使自己能够把研究兴趣和知识结构匹配起来。同时，也只有这样，研究者才能把枯燥乏味的研究和写作变成一种有趣的学术探索，使之成为自己进一步实践和长期教学相长的原动力。总而言之，思考最终要落实到论文选题上，研究者必须平衡研究兴趣和知识结构，使自己的思考具有可行性。

## 第二节　标题与问题

在思考的基础上，研究者会逐渐形成选题。选题是一个大的研究方向，要在选题的基础上进一步拟定标题。而不管是选题还是标题，都是围绕问题来形成的。在此，首先区别两个概念：选题和标题。选题是指研究者在思考的过程中逐渐产生对某一类问题的研究兴趣，从而形成所要研究的一个大致方向。标题则是一个相对具体的研究问题，是一篇论文所要集中论述的问题。标题针对一个具体的研究对象，而选题是针对一类研究对象，标题是对选题的“聚焦”。比如，“贝多芬钢琴奏鸣曲研究”是一个选题，它确定的研究范围是贝多芬的器乐作品，且是钢琴作品，且是钢琴奏鸣曲这类体裁的作品，但它作为一篇论文的标题则是不合适的，因为这个选题性质的题目作为标题显得太大。这个选题作为标题对于一篇博士论文来说都太大了，即使写一本专著来研究都有相当的难度，而应具体到某一方面的研究中去，比如改为“贝多芬钢琴奏鸣曲的结构研究”，这个选题就相对更具体，范围更小，作为博士论文或专著的标题就没有问题。当然，作为一篇硕士论文标题还不一定合适，而且它并不是一篇表演论文。由此可见，选题和标题是有区别的，但同时也是有联系的。标题和选题有时候可以重合，但选题的范围比标题更大，标题更细化、更具体。它们的关系也是辩证的，进一步细化的选题就能成为论文标题。那么，作为一篇音乐表演论文的标题，在拟定的时候应该注意哪些问题呢？

第一，标题忌大。众所周知，论文写作的标题要“以小见大”，不能拟定太大的标题，而应该从小处着眼，太大的标题就像选题一样，不能“聚焦”。标题的大小反映了思维的细致程度，也是考察一个研究者思路是否清晰的第一个指标。表演专业的研究者思路比较发散，不容易聚焦自己的思考要点和核心，常常会想到很多方面，并认为都很重要，所以在拟定标题的时候，要多注意自己的标题是否足够“小”。但是有很多研究者会认为，标题太小，就没有什么内容可写，字数就很少。这是一种非常粗浅的认识。标题只有足够小，才能称为“核心”，即论文所要论述的核心，才能重点突出，特征鲜明。所谓“以小见大”，就是从一个小问题出发，从而发展、辐射、引申，形成丰富的论文内容。所以，并不是说标题“太小”就没有内容可写，关键要看研究者如何把一个“小”问题发散开来，并把许多丰富的内容与这个“小”问题产生关联，去形成一个论述结构。就像贝多芬的命运动机，只有四个音，却发展成为宏大而有震撼力的、音响丰富而辉煌的篇章。那么，如何从一个小的点展开文章结构，使文章丰满起来，我们将在第三章中论述。下面我们以几个例子来看看如何拟出一个好的标题。

举例：1. 贝多芬钢琴奏鸣曲研究。

2. 贝多芬《第三钢琴奏鸣曲》研究。

3. 贝多芬《第三钢琴奏鸣曲》第一乐章研究。

4. 贝多芬《第三钢琴奏鸣曲》第一乐章结构特征分析。

从上面四个标题中我们不难看到，第一个标题范围最大，依次递减，第四个标题范围最小，把研究对象聚焦到了"结构特征"。但对于表演专业的论文来说，这个标题还不算是一个好的标题，因为它只表明了"研究对象"，既没有体现表演专业的特征，也没有"问题意识"。

第二，标题忌空。这里所谓标题忌空，就是指标题没有"问题意识"。它看似聚焦，但又没有真正聚焦，即没有真正落实到一个具体的问题或者一个有意义的问题上。这是表演专业的论文写作中一个很常见的现象。"问题意识"在标题上体现得最为充分。这里所谓的"问题意识"是指，一个好的标题除了表明具体的研究对象之外，还要表明这个对象的性质和属性，是某种带有特征的属性使得研究对象成为一个问题，并且成为一个能引起读者兴趣和关注的话题。上述例子中，"结构特征"仿佛是一个问题，但实际上可能只是一个研究方面，作者可能并没有想清楚结构特征的话题点在哪里，只是想研究结构方面的问题。所以，从这一点看，"结构特征"并不是一个问题，我们要追问结构特征所隐含的问题是什么，是什么样的结构特征值得研究。同时，标题中的"问题意识"还要符合当今学术储存和传播的检索需要。因此，换一个说法，这里的"问题意识"还可以称为"检索意识"。以上述第四个标题为例，设想这篇论文可能要论述"奏鸣曲式"结构特征，但在标题中没有反映出来，读者如果想了解"奏鸣曲式"，通过输入关键词查找相关论文的时候，却不能把这篇文章搜出来。如果这篇文章在"奏鸣曲式"问题上有着很精彩的论述，那么读者将遗憾地错过这个文献。这就是"检索意识"对于标题的意义。那么我们可以进一步把这个标题改为：

5. 贝多芬《第三钢琴奏鸣曲》第一乐章奏鸣曲式结构特征分析。

这个标题无疑更清楚地呈现了研究对象的属性特征。什么结构特征？奏鸣曲式。“奏鸣曲式”这个概念限定了研究对象的性质，从而成为一个更为具体的话题点。但这个标题还不是一个表演专业的论文标题，而明显是一个作品分析专业的论文标题。因此，从立足于表演的角度，我们还要进一步对标题进行修正。

第三，标题忌远。标题忌远就是指表演专业的论文标题不要远离“表演”或者“表演问题”，不要以其他专业的标题作为本专业论文的标题。这是表演专业的论文经常容易出现的一个问题。既然我们的思考来自表演实践，是从表演实践中发现的最有兴趣的问题，那么为什么不能在标题上体现出来，不能亲近它，而要远离它呢？表演专业的论文，从标题上就要体现出作为表演和指向表演的属性和倾向。于是，我们进一步把这个标题改为：

**6.** 贝多芬《第三钢琴奏鸣曲》第一乐章奏鸣曲式结构分析与演绎。

这个标题中“演绎”二字把表演专业的特征体现出来了，读者从中能够很清楚地了解到这篇论文会用两个部分来写作，一部分是结构分析，论述结构特征；另一部分是演绎，论述这种结构特征怎么在演奏中表现出来。（当然，我们在此只是讨论标题问题，实际写作可能并不如此。）但是这个标题似乎有些长，不够精练和引人注目。在现代社会，特别是信息爆炸的时代，人们的时间尤其珍贵，是否选择阅读一篇文章，标题尤其重要。放眼新闻标题，总是以夺人眼球的热点词汇引起读者的兴趣。作为读者，我们都有这样的体验，有时仅仅因为标题而产生阅读兴趣，从而把一篇文章读下去。当然，对于那些故弄玄虚的标题，我们阅读之后难免也会嗤之以鼻，但一个好的文章标题无疑是引导读者阅读下去的关键因素。认识到这一点，我们在学术论文写作中，依然可以进一步锤炼标题，提升标题的魅力。

第四，标题忌繁。吸引人的标题应该“至精至简”。但是有时候由于研究对象的原因，标题难以从简，这时我们可以对标题进行处理，最重要的方法是对标题中的关键信息，也就是论文的核心问题进行强调。可采用“主标题+副标题”的形式。主标题是文章论述的核心问题，副标题是补充主标题的内容，以呈现完整的研究对象信息。（当然，主标题和副标题的关系不是只有一种，有的主标题可能用文学语言陈述所论述对象的精神特征，如《逝去的记忆——舒曼钢琴套曲〈童年回忆〉的分析与演奏》。）主标题比副标题更为精练，一般短于副标题。在拟定标题时，研究者需要仔细琢磨如何能突出论述的核心问题，具有一目了然的效果，能够迅速引起读者的注意。以上述标题为例，我们试图改为：

7. 奏鸣曲式结构分析与演绎——以贝多芬《第三钢琴奏鸣曲》第一乐章为例。

这个标题采用“主标题+副标题”的形式，实际上是通过调换语序把研究的核心问题放在最前面，起到了强调的效果。这种顺序的改变带来了读者信息接收重点的改变，读者更关注的是“奏鸣曲式”的“结构分析与演绎”。再进一步，这个标题虽然已经重点突出，但是似乎还是显得平庸，而且缺乏吸引人阅读的内容，那么我们还可以进一步把这个标题改为：

8. 奏鸣曲式的困惑——贝多芬《第三钢琴奏鸣曲》第一乐章结构分析与演绎。此标题用“奏鸣曲式的困惑”传递了更意味深远的信息。因为贝多芬在奏鸣曲中，特别是奏鸣曲的第一乐章中采用奏鸣曲式，是非常常见的现象，如果只是平铺直叙，陈述大家都知道的常识和共识，就很难让人产生阅读兴趣。由于贝多芬的每一首奏鸣曲的结构都不一样，在结构变化中有很多细微的差异，因此如果能发现这些差异，并试图探索其中的奥秘，那么这篇论文就很可能成为一篇值得阅读的论文。这个标题至少暗示了这样两个潜在的信息：一、这个乐章的奏鸣曲式有什么特殊的地方吗？二、这个乐章的奏鸣曲式带来了演奏上的困难吗？当然,可能还会产生其他的想象。但之所以能够产生第八个标题,是因为研究者在思考的过程中可能已经有所发现,或者已经发现了一些有意义的问题,或者有争议的问题,又或者是研究者正在为自己的发现寻求解决的途径,故而称为“困惑”。

毫无疑问,标题的诞生实际上是思考的结果,思考有多深,标题就有多深;思考有多细,标题就有多精。我们要在不断思索中发现问题,从而拟出有“问题意识”的引人注目的标题。但是要强调的是,标题的确立即是选题的确立,也是论题的确立。一般而言,标题越细越有可能避免重复研究,也就越有研究价值。在人文社会科学领域,完全填补空白的研究极少,所以,很多选题可能都已经有大量的成果。但是,在某一个选题范围之内,每个研究者所思考的角度有所不同,从而可能会有新的观点加入已有的研究。这样,在面对大量的现有研究成果时,研究者更需要深入思考,挖掘有意义的研究角度。

## 第三节　资料的搜集

在拟定了标题,也就是明确了研究对象之后,接下来就需要进入资料搜集阶段。(当然,也有可能在没有确切的标题,而只有一个大致选题方向时开始搜集资料。)资料搜集的意义在于,研究者要试图找到与自己所要研究的内容相关的已有研究成果。一方面是了解学术的最新动态,清楚自己的选题和研究所处的历史地位;另一方面也是通过搜集资料进一步考量自己的选题的意义和价值。资料搜集应立足于标题的内容,但不要局限于标题的关键词,常常要从选题的角度去拓宽资料搜集的范围。

所谓“资料”，主要包括第一手资料（也称为原始资料）和第二手资料①。原始资料是指作曲家的手稿、书信、日记、采访、录音等，要尽可能搜集原始资料。在难以获得原始资料的时候，可以使用第二手资料。第二手资料是指分析和研究原始资料的书籍、论文、报道等材料。研究者在资料搜集过程中会遇到相当多的问题，我们在这里略做一些分析（主要以中国知网的网上搜索为例）。

第一，准确使用关键词进行检索。关键词检索是最常见的检索方式。关键词针对的是研究对象和内容，但是这里的对象和内容是以概念或概念的属性等方式来呈现的，通常是一些名词（有时候形容词也很重要，对研究来讲具有很关键的意义，也会成为关键词）。以上述第八个标题为例，我们一定会输入“奏鸣曲式”“贝多芬”“第三钢琴奏鸣曲”“第一乐章”等关键词进行检索，而“困惑”“分析”“演绎”这几个词属于作者思考和研究实施的步骤和行为，具有较为普遍的意义，则不属于检索的关键词。上述几个关键词要同时使用，才能较为准确地“定位”相关研究的同类研究文献。如果只是输入“奏鸣曲式”或“贝多芬”或“钢琴奏鸣曲”，就会显示出大量的信息，因为这类选题已有的文献较多。因此，精确使用关键词主要针对的也是某类研究已经具有丰富的文献资源的情况，只有精准地输入关键词，才能找到更精确的文献。

在文献检索与选题关系上有一个重要的问题需要引起研究者的重视。那就是，当我们选定了一个选题或确立了一个标题之后，在检索的过程中发现已有文献实在太多，而且更糟糕的是，当研究者发现所有自己原

① 美国学者杜拉宾在其著名专著《芝加哥大学论文写作指导》中提出三种资料的搜集：第一种是主要资料，等于我们这里说的原始资料；第二种是次要资料，等于二手资料；第三种是第三位的资料，多是杂志、报纸、网络上的非专业人士撰写的内容，缺乏严谨的学术研究和细致的编辑，有很多错误，建议不要作为权威资料引用。Kate L. Turabian, *A Manual for Writers of Research Papers, Theses, and Dissertations*, $7^{th}$ Edition. Chicago: The University of Chicago Press, 2007, pp. 25—26.

先所想的内容或试图研究的内容都已有相当多的论述,面对这种情况应该如何处理?只有两种方法:一是进一步思考,看是否还有较少被论及的角度;另一种就是需要换一个选题,重新思考。太过重复的选题在研究价值上会大打折扣,而且研究者可能难以超越已有的研究,这就会导致最后都是摘抄别人的观点,而无任何创造性写作可言了。

第二,要扩大关键词的范围进行检索。采用精准的关键词进行"定位"固然重要,但有时候研究者会遇到这样一种情况,即所研究的课题文献较少,特别是很多研究者为了避免选题重复和雷同,使自己的研究有特色,选择了相对"冷门"的研究内容。比如研究者在自己的表演实践中,演唱或演奏了某些并不为人所熟知的艺术家的作品,然后以此为选题来进行研究。这样做固然是有意义的,但是要注意不要"为冷而冷",就是不要为选择"冷门"课题而选择"冷门"课题。这时更需要研究者仔细思考两点:一是,大家对艺术家的作品不太熟悉,是因为他的作品缺乏价值而未引起人们关注,还是大家真的没有注意到。二是,在自己的表演实践中,是否真的被作品所打动,感受到作品独特的艺术魅力,有自己的心得和发现,发掘出了作品中值得探讨的问题。只要想清楚这两个方面,研究就可以进行下去。这两点都需要研究者在资料搜集阶段查找更大范围的文献,付出更多的努力。

那么面对这类"生僻"的、资料较少的选题应该如何搜集资料呢?首先,如果涉及的是外国作曲家,就要进行英文检索(后面论述);如果涉及的是当代中国作曲家,则可以突破常规的资料搜集方式,而采用更多途径进行搜集,比如亲自拜访这位作曲家,通过访谈的方式搜集资料,等等。其次,要理解扩大关键词范围检索的含义。如果作曲家比较"冷门",那我们就要先通过网上搜索,找到这位作曲家所属的地域范围和文化范畴,并找到与其同时代的大家已经熟知的作曲家,从相关作曲家的文献中去寻找"蛛丝马迹"。因为,研究者在论述一个作曲家的时候,总会涉及同时代的其他作曲家。如果研究的作曲家是熟知的，但是所要研究的那个作品是“冷门”的，那么要通过搜索该作曲家创作的其他类型作品的文献来研读。面对这两种冷门的选题，我们都采用了通过相关性来查找“外围文献”，从而逐渐触及“核心文献”的方法。由此可见，相对冷门的选题在资料搜集时需要花费研究者更多的时间和精力。有时候可能一无所获，甚至心灰意冷，但是绝对不能放弃，只要坚持相关性查找，相信一定会有所收获，即使最终仍未获得“核心文献”，但是查找和阅读的过程扩大了我们的视野，已为整个写作过程奠定了很好的基础。实际上在资料搜集过程中，没有哪一个过程会真正徒劳无功，对于论文写作来讲，任何一个过程都是积累的过程，只是我们不能目光短浅，急于求成。

第三，要学会鉴别文献的价值和意义。资料检索的过程中，面对大量的文献，研究者必须学会选择和取舍。较好地选择和取舍文献的功夫，是建立在大量文献阅读基础上的，越是有经验的研究者和资深的研究者，越能很好地选择文献，因为他们在大量的文献阅读中有所比较，已掌握了相关的学术背景，这是一个艰辛的过程。初学者或者缺乏经验者，在选择文献时要注意文献的相关度、权威性和可靠性。首先，要能从题目中搜索是否含有与自己的研究课题相关的信息。前面我们已经论述过好的标题的意义，是为检索需要，现在作为检索者，又要能反过来从标题中攫取有用信息，这是相辅相成的道理。如果有大量文献可查，可以适当略去有“浅谈”“试论”等标题的文献，这类论述除非是真正的“大家”谦虚所为，否则都缺乏深入论述和见解，一般多是泛泛而谈和概论。其次，要熟悉音乐专业领域的期刊种类，把搜索重点集中在国内重要的音乐刊物上，国内主要音乐学院、艺术学院学报和音乐机构的刊物所发表的音乐类论文是重要的可参考资料。比如《中央音乐学院学报》（中央音乐学院）、《音乐艺术》（上海音乐学院）、《黄钟》（武汉音乐学院）、《星海音乐学院学报》（星海音乐学院）、《天籁》（天津音乐学院学报）、《中国音乐》（中国音乐学院）、《乐府新声》（沈阳音乐学院学报）、《音乐与表演》（南京艺术学院学报）、《齐鲁艺苑》（山东艺术学院学报）、《音乐研究》（人民音乐出版社）、《中国音乐学》（中国艺术研究院）、《人民音乐》（中国音乐家协会）等等。再次，要注意文献种类。在检索信息中，一般都会显示文献的种类，比如是期刊论文，还是学位论文，抑或是报刊文摘，等等。要特别注意学位论文，因为学位论文（包括硕士论文和博士论文）都是针对某一个问题的专题研究，从体量和研究的深入程度上来说比期刊论文分量更重，所以在搜集资料时需特别留意。如果一个研究者按照自己拟定的题目去搜索资料时，发现与该题目几乎相同内容的标题已有学位论文，这时应该引起高度警惕，说明可能会出现重复研究。研究者必须了解这篇文献，仔细阅读，并进一步思考自己的研究角度是否在已有的论文中有所体现，或者已有文献跟自己所思考的方向是否有所差异，这会促使研究者决定是否需要调整自己的研究题目，或者从不同的角度坚持下去。

第四，中外两种文献同时检索。目前我们搜集的文献主要是中文和外文两种。外文以英文居多，有时也会涉及俄文、日文、法文或德文等。中文论文资料主要可以通过中国知网检索文献来获得。中文著作类资料可以通过网上搜索购买，或者到大学图书馆和国家图书馆借阅。中国国家图书馆是中文著作类资料最全的图书馆，在中国国内是值得考虑的图书资料搜集渠道之一。而且该馆也有相当多的外文资料可供借阅。对于外文类的资料，目前国内很多大学图书馆购买了部分外文期刊的版权，可以通过学校图书馆的入口进入，免费查询和下载。同时，对于涉及的概念性名词或重要理论，要学会使用有一定权威性的词典类资料，比如中文的《中国大百科全书》[①]《音乐百科全书》[②]，英文的《新格罗夫音乐与音乐家

---

① 胡乔木主编：《中国大百科全书》，北京：中国大百科全书出版社，1993 年。

② 中央音乐学院《音乐百科全书》编辑委员会编：《音乐百科全书》，北京：中国大百科全书出版社，2014 年。

辞典》[①](*The New Grove Dictionary of Music and Musicians*)。特别是对于研究涉及西方音乐内容的论文,比如涉及歌剧、艺术歌曲、协奏曲等等内容,一定要善于运用《新格罗夫音乐与音乐家辞典》中的相关词条。对于较为“生僻”的研究课题,可以通过网上搜索英文资料。对于涉及俄文、日文等内容的重要文献,还可以通过亲戚朋友等的帮助来获得相关资料。此外,对于外文不好但选择了涉及外文较多的研究课题的研究者,可以采用请人翻译的方式获得外文资料的中文翻译内容。总之,第一手资料的获得对于论文写作来说是至关重要的,搜集资料的方法也是多种多样的。但无论如何,绝不能因为在搜集资料时遇到一点困难就随便糊弄,而要坚持不懈,以“不达目的誓不罢休”的态度去搜集资料,这样一定能有所收获。

## 第四节　综述的意义

资料搜集基本完成之后,就涉及对资料进行阅读和整理。对于正式的研究工作来讲,特别是学位论文的写作,综述是从资料搜集到论文写作的一个必经阶段和衔接阶段。如果说前面的步骤都是准备阶段的话,那么综述可以说已经是论文的开始环节了,或者也可以称为是“前写作”环节。认识综述的意义对任何研究性论文的写作都是至关重要的。

综述是学术研究的起点,是对某个研究领域内或某一个研究课题范围内所涉及的相关已有文献进行阅读基础上的学术总结。综述是了解不同学科领域研究现状并对其进行综合审视和评价,以推进该领域研究的深度和广度的一种学术必经之路。任何一个研究者都可能从综述开始进

---

① Stanley Sadie(edited),*The New Grove Dictionary of Music and Musicians*, Printed and bound by Quebecor World Taunton Massachusetts, U. S. A. 2001.

入自己的研究。综述既可以作为学术型研究的一部分(而且必须是开始部分),又可以作为一个独立的研究。综述既是一种学习阶段的重要过程的反映,同时也表现出重要的学术价值。综述本身也可以成为一篇学术论文。综述的规模或者长短因研究的需要而各不相同。对于学位论文来讲,综述需要较为详细地总结和陈述已有文献,并在此基础上论述研究者所选择课题的意义。对于一般的论文来讲,综述可以用一个段落简要陈述已有的重点成果,给研究者即将展开的研究作学术背景的交代。①

综述最忌讳的是简单地罗列文献,而缺乏解读和评价。纯粹罗列文献,再多再详尽也仅是一个基础性的工作,只起到资料收集的作用,其价值相对欠缺,因此,对文献进行一定的解读是综述的要求。首先,解读是指对文献进行一定的理论概括、分析、归纳和比较。其次,解读也存在选择和取舍的问题,需要以最能突出该研究的核心观点入手进行剖析,才能较准确地驾驭文献并发现问题。再次,有价值的综述更需要有适当的文章组织结构方面的构思,或者以某一类问题为核心来考察,或者以某一种特征为线索来分析,从而较为集中地反映某一类论题的研究现状,避免写成"流水账"。最后,综述需要具有一定的学术前沿视野,要求把研究对象放在一个较宽泛的理论背景中进行考察,而这种视野建立在研究者对国内外大量文献进行阅读的基础上,需要较高的语言水平和学术修养。必须指出,综述必然具有一定的局限性。虽然大量的已有研究成果奠定了综述的客观性基础,但是因作者个人的兴趣和眼光的不同,综述所体现出来的主观性依然是难以避免的;同时,综述具有明显的阶段性,只能对一定历史时期的研究成果进行阶段性的总结。

对于表演专业论文的写作来讲,综述的意义可以转换为对文献的学

---

① 高拂晓:《精诚所至 金石为开——从〈中央音乐学院学报〉审稿谈音乐学论文写作问题》,《人民音乐》,2012 年第 6 期。

习和研究，需要注意这样几个方面。

第一，学会阅读，并归纳文献的中心思想。阅读文献首先要从整体上把握一篇论文的主要观点。很多论文从标题上就暗示了作者的观点。比如《肖邦〈第二钢琴奏鸣曲〉的悲剧性因素与演奏》，从这个标题我们可以清楚地看到，作者认为肖邦《第二钢琴奏鸣曲》的一个重要特征是“悲剧性”，那么这种悲剧性因素反映在哪些方面，演奏时应该注意什么，这就是本文主要论述的内容。其次，注意阅读论文摘要，这是对文献的基本内容和主要观点的概括，可以快速抓住文章的要点。接着，文章篇章结构的段落标题常常是作者主要观点的提示性表述。比如“旋律中的悲剧性因素”作为上述论文结构内部的一个章节标题，就具有很强的提示性。再次，论文的开头和结尾常常是表述重要观点的地方，特别是论文结尾部分一般都有“结论”。因此，从整篇论文来看，抓住几个关键的部位，对归纳文献的中心思想会起到很重要的作用。同时，要特别注意的是，在阅读文献并进行综述的过程中实际上有两种心理倾向，一种是被动倾向，一种是主动倾向。被动倾向是指以作者的观点表述为阅读目标，具有“搜索式”的特点，试图理解作者的观点，主要是总结陈述作者的观点。主动倾向是指阅读文献时以自己所感兴趣的内容为关注点，从而引起思考，发现问题。比如当研究者阅读到作者提出的某个概念或问题时，产生共鸣，发现那个问题正是自己所思考的问题，或是赞同或是反对，这种“遭遇”都是有意义的，可以促使研究者进一步思考和总结。这时一定要记录下来，甚至可以针对某个触发自己思考的问题写出自己的看法和观点，或是自己尚存的疑惑，以待研究查证或询问。这就是我们常说的做“读书笔记”。特别要强调的是，一定要在阅读中记录自己的想法，在文献的空白处找一个位置记录下来，哪怕三言两语，不要错过自己在阅读中产生的一丝想法，如果不记录下来，记忆很容易消失。这是阅读中读者大脑接受大量信息之后产生的信息碰撞或信息交汇的结果，有时候称为“阅读灵感”，一定要注意抓住这样的灵感，以便日后进一步思考。这是每个人都可能遇到的，而有经验的阅读者更能有效利用这种“阅读灵感”。同理，阅读著作和阅读论文类似，只是篇幅不同。在阅读著作的过程中也包括归纳作者的观点和引发自己的思考两个方面。阅读实际上是作者和阅读者进行思想交互的过程，不要忽视这个过程，而要采取积极主动的态度，才会在阅读中有更大的收获。

第二，从分析文献的写作思路中学习写作。除了归纳文献的观点之外，研究者要注意分析文献的研究思路和写作思路:作者从哪些方面进行的研究，为什么选择从这些方面进行论述，作者采用了什么研究方法，等等。这些角度不仅能为我们总结文献提供更多思路，而且这种分析是我们学习写作中一个很好的方法。从不同角度分析文献，能够避免前面讲到的罗列文献之不足，可以用不同的研究方法整理文献，对文献进行分类或归类。具体到对文献进行综述时，可能涉及“内容分类”“方法分类”“特征分类”等写法。比如在有关贝多芬钢琴奏鸣曲的研究课题上有大量的论文，有的偏重曲式结构的论述，有的偏重演奏中踏板的使用，有的偏重速度的处理，这就属于“内容分类”；有的研究采用了版本比较，有的采用了心理学原理阐述，有的采用了图表统计数据，这就属于“方法分类”；有的论述的是情感问题，有的论述的是风格问题，有的论述的是表演阐释的美学问题，这就属于“特征分类”。“特征分类”也属于“内容分类”，却是对“内容分类”的进一步属性化的体现。了解这些写作思路，对文献的把握就会更深入，从而思考自己准备采取的研究角度是什么，研究方法是什么。特别地，对于著作类的参考文献，研究者要学会从目录中学习内容安排的思路和逻辑，作者是从哪些方面来写作的，为什么采用这样的章节安排，这些都是研究者可以迅速学习的，并且可以针对目录锁定最需要精读的章节，有重点地阅读。同时，还要注意前言和后记，这两个部分会反映作者研究的前因后果，从中可以得到很多有关文献的有用信息。

第三，匹配自己已有的知识结构，对文献做出评价。综述本质上是一个评价过程，而不仅仅是事实的总结陈述过程。评价是难的，因为评价需要参照，评价需要标准，评价需要理论，这几点可能都是使研究者感到苦恼的。所谓参照是指，如果没有大量的文献作为比较，如何能做出评价，并判断一个文献的价值？一个文献，如果不与它之前的文献，或之后的文献，或同时期的文献进行比较，如何能看出它的意义？你阅读过多少文献，你就有多少参照，所以大量的文献阅读是写作的基础。所谓标准是指，如果你不明白表演专业的论文应该怎么写，那么你如何判断一篇表演论文的优劣？当然，除了具有一般论文的结构清楚、逻辑严谨、语言流畅等基本要求之外，我们强调的是，表演专业的论文是以表演为最终目标导向的，一切论述要为表演服务，而是否能落实到表演的问题上，自然成为一个有效的评判标准。更重要的是，通过一些文献认识表演研究的意义和表演研究的基本规律，对形成一定的评价标准具有很重要的意义（本书的第六章有举例说明）。我们都知道"精读"和"泛读"是阅读的两个重要方法，对于写作也缺一不可。通过"泛读"了解更多文献，增加文献占有量和对文献的熟悉程度；通过"精读"学习写作方法，增强思考的深度，丰富思考的角度。所谓理论是指，研究者是否有足够的专业知识背景去鉴别文献中所涉及的音乐旋律分析、和声分析等技术分析的深度，甚至文献中所采用的分析方法的合理性、适应性和可靠性。从所有这些方面我们看到，要想对文献做出评价，需要相当大的阅读量和丰富的知识结构，还需要较丰富的学术经验和较敏感的学术眼光。这些对于研究者来讲，都是难点。但只要我们能认识到其中的问题和意义，就会明白我们所需要的努力，从一点一滴做起，去接近我们所要达到的目标。

总而言之，思考不断，研究不断，写作才不断。

# 第二章　语法与修辞

古罗马哲学家朗吉努斯曾经说过，美妙的措辞，是思想的特有光辉。[①] 语言是表达思想的工具，而要把思想表达好，就需要修辞。论文写作要用书面语言表达思想和观点，语言的准确流畅是基本要求，这需要研究者对一些基本的语法有一定掌握。汉语语法涵盖的内容非常多而庞杂，也是所有语言现象中极为复杂的一种。针对表演专业的论文写作，笔者挑选了一些典型的最容易出现问题的方面进行论述。

## 第一节　语言转换问题

论文写作是一种书面语言的表达，首先要涉及的语言问题就是语言转换，即从口头语言向书面语言的转换。通常我们有这样一种认识，有的人在生活中可以侃侃而谈，语言也很丰富，但是如果要他写成文字，就很困难；还有一些人很会写文章，但在日常生活交谈中却并不是那么流畅。这就是口头语言和书面语言转换过程出现的问题，这类问题的出现从某种意义上讲是受复杂的大脑功能的影响（比如脑神经中枢控制语言的功能区的结构差异），我们在此不去讨论。我们所要理解的是，任何语言的学习都离不开四个部分：听、说、读、写。这四个部分相辅相成，从牙牙学

---

① 古罗马哲学家朗吉努斯的《论崇高》是一本美学著作，在书中作者从修辞学的角度论述了思想和语言的关系，认为语言是思想的反映，在第三十章中提到“华丽的辞藻是思想的光辉”。〔古罗马〕朗吉努斯：《论崇高》，章安祺编订，缪朗山译，《缪灵珠美学译文集》第一卷，北京：中国人民大学出版社，1985 年。

语的婴儿到能说会道的成人,当回想自己学习语言的过程时,我们就会明白这是一个多么漫长的训练过程。但在任何母语中成长起来的人,都会觉得这个过程并不困难,因为语言从小就伴随着我们的成长。而当学习一门外语(非母语)时,我们就更能理解这个过程的艰难。

听是语言学习的基础,一切语言的学习都是从听开始的。听到语言的发音、听到词语、听到句子,每一个单独的结构,都有相应的意义去匹配,从而听出这些从音到词语,再到句子的意思。进一步,听到这些语言表达的语气,听出情感,听出更深一层的含义……听,无处不在。听是弥漫在我们周围的一种环境。当我们把不断听到的内容与生活情境联系起来的时候,我们慢慢就理解了听到的语言的意义,我们甚至可以不说、不读、不写,只是听,就能明白。婴儿学习语言的过程告诉了我们这一切。当然,这远远不够。我们开始说。说是对听的反馈,于是"跟着说"成为语言学习中紧随听的过程。说强化了听,说的同时也在听。听到的内容要反复在脑海里加工成记忆储存下来,等到要用的时候,才能说出来,如果没有听过,就说不出来。当然,高级别的说,可以通过大脑的创造性组合说出没有直接听过的内容,这是一种语言的间接反映或更深一层的语言意识问题。然而,不管听说多么普遍地存在,听说依然是有局限的。我们若进一步学习,就要读,要通过视觉来识别图像(如果把文字作为一种图像的话),就是"认字",学习词语,学习把词语组成句子。也有人认为大量的阅读才是语言学习的基础。这一方面看出听说的局限性,另一方面说明阅读的重要性——阅读进一步增加了语言的宽度和深度。语言学习中,阅读把不同的感官进一步连接起来,曾经读过的音、听过的词,在阅读中出现,都在不断强化和被记忆。我们都有这样的体验,阅读时可以出声,也可以不出声。这都说明了读与听说之间的相互增强关系。而且读的过程在学习中一般是两类:泛读和精读。这两个方面对于语言学习又是不可缺少的,通过泛读增加广度,通过精度增加深度。泛读是为更广泛的知识的获取,精读实际上是为语言的运用做准备。有了这些过程之后才是“写”。通过读的过程,我们学习到如何写,便开始了早期的模仿书写。这时我们就基本上进入小学阶段系统正规的“语文”(语言)学习了。听、说、读、写似乎是一个递进式的有先后顺序的过程,但实际上并非那么简单,而是一个非常复杂的网络连接过程,语言从简单到复杂发展。我们发现,听最容易,写最难。当我们发展了读的技巧之后,我们能读的东西是最多最清晰的,而能读的东西和内容,在听的时候却会因为各种原因,导致意义被丢失(比如语音的问题和多意义的问题),有时难以识别。能读的东西,不一定能说,也不一定能写,而能写的东西大多数是可以说的,更是能读的。可见,写是最难的,写是一个相对高级的语言运用阶段。听和读相对被动(虽然也有主动的听和读),说和写要主动得多,包含创造性的语言运用。“听、说、读、写”绝不是孤立的过程,而是紧密联系,互相产生着强烈影响,甚至若脱离了任何一个环节,都建立不起相互之间的关系。

理解了听、说、读、写在语言学习中的意义,我们就更能理解语言转换问题。由于我们总是会把阅读的东西说出来或写出来,因此,阅读的内容对于说和写就很重要。很少阅读,只是听、说的人,更容易形成口语化的习惯和思维,说出来的语言更倾向于口语;经常阅读,但很少听、说的人,更容易形成书面化的语言和思维,说出来的语言更倾向于书面语。听、说、读、写都很频繁的人,在语言运用和转换上就会相对更流畅。那么对于论文写作来讲,如何处理语言转换问题呢?因为表演专业的人通常是少于阅读的,所以,要想很好地解决语言转换问题,从口头语转换成恰当的书面语,增强阅读,并从阅读中学习,这是个前提。比如口语中我们的思维是断续的,需要用很多方式来连接,比如“然后”就是我们经常在口语中会用到的连接思维间隙的词语,我们会不断地“然后”,再说出后面的内容。但如果写作中不断地写“然后”,一段话看下来就会觉得很奇怪,这就是口语没有转换成书面语。书面语的“然后”比较少出现在论文中,因为这个词本身就是一个表示叙述的词,而我们的论文很少属于叙述体(这涉及文体),而是议论文。因此,论文中出现较多的连接词是“但是”“其次”“然而”等词语。英语中特别类似“然后”的口语是“you know”,这是以英语为母语的人使用率很高的一个词,没有实际意义,只是连接思维的间隙,留出一个很短的时间,组织下一个句子的表达。但是,在英语阅读中,我们很少看到这个词,说明这是个彻彻底底的口语词或口语表达。由此可见,我们在口语中经常用到的词语和习惯性表达,在书面语中是被自动排除掉了的,或者被无意识屏蔽了的。这也说明我们不仅默认了说和写是两个不同的语言体系,而且知道写的时候是有思考时间的,有时间可以重新组织语言表达,而不需要口语中的那些无意义的表达,这就是语言转换意识。这种意识通过较多的训练就会变成潜意识或习惯了。但训练很少的人,常常容易把口语带到书面语中,这也许就是很多人常说的“我不会写”的意思。同时我们还要注意,口语表达容易重复,而在书面语中却要避免累赘,写作中很容易重复口语的习惯表达复写,这也是需要小心的。

我们在表达一个意思的时候,不仅存在书面语表达(或论述式表达)与口头语表达之间的差异,还存在一些书面语的习惯性表达。比如说“A很重要”这个意思,口语常说“A 很重要”,或“A 比 B 重要”或“A 是最重要的”;书面语常写“综上所述,A 非常重要”,或“总之,A 对 B 具有重要意义”,或“虽然 B 很重要,但 A 必不可少”,等等。由此可见,书面表达和口语表达有差异,这两种不同的表达体现出书面语的逻辑性更强,而口语更松散,容易忽视前后关系,容易显得武断。这还并非问题的本质,问题的核心是如果我们的思维逻辑是清楚的,语言的表达就是清楚的,不管是书面语还是口头语。为了努力提升语言的准确性和逻辑性,思维在先。但是,通过论文的学习来学习一些习惯的表达方式,就会让我们在写作的时候更书面化，而逐渐脱离口语的随意。随着现代科学技术的发展，特别是人工智能的发展，目前已经出现了很多领域的机器应用。比如新闻报道可以通过输入关键词而由电脑运算组织成一篇文章，因为新闻报道文章多为程式化的语言表达，只要能识别时间、地点、人物和事件及其之间的关系，机器就可以组织成一篇报道文章。甚至有人预言，不久的将来，机器人将全面替代人类。但目前的两大难题是思维和情感，只要能解决这两个问题，机器人替代人类就指日可待。那么机器之所以可以代替人来写作，是因为写作中有很多程式化的内容可以通过“程序”来实现。但机器能写散文吗？能写诗歌吗？这也已经成为事实。这也许会引起我们更进一步的思考，即使程式化的内容为人工智能技术提供了可行的途径，但写出来的内容有情感吗？有风格吗？（机器人风格？）当然，论文写作的初级阶段更能体现出程式化的形式，但高级阶段的论文写作是创造性劳动，而且文如其人的古训也暗示了写作是与情感、道德、风格和人品相关的，机器人能达到这样的水平吗？

从修辞的角度，回到我们的论题上，很多程式化的常用表达是我们学习写作时应该注意的，这种表达能使我们更熟悉论文的语言，让口头语逐渐靠近书面语。语言转换中还要注意的一个重要方面是文体问题。汉语的文体主要有小说、散文、诗歌、记叙文、议论文、说明文，等等。这里的论文写作是属于议论文，应该具备议论文的几个基本要素：论题、论点、论据和论证。因此，要用议论文的文体来写作，而不能用散文的形式，或者用记叙文的方式来写。但在某一些局部的部分或引用的部分，有可能涉及其他文体，比如一段作曲家的生平简历，一段描述性的音乐体验，或一段日记中的诗歌，但这些并不是论文主体的语言，更应算作论文的引证材料。论文主体的语言风格必定是议论文的论述风格。同时，这里的论文写作与我们中学阶段语文课时练习的议论文也有所不同，以前的议论文写作是通过建构观点并用逻辑证明，重在论题的把握和论证逻辑的自圆其说，是主观性较强的一种评论性写作。而这里的论文写作实际上是研究性论文，需要大量的材料支撑和分析阐释，是更客观的论证（当然也具有主观性），因此，需要具备研究性论文的一些特征（我们将在第三章中讲到）。

此外，“翻译腔”是语言转换中需要避免的问题。“翻译腔”是由于两种语言之间的直接转换，忽视了不同的语言习惯而产生的问题，比较常见地出现在外语和汉语之间的转换中。由于研究者参考了大量的外文文献，因而写作中可能会反映出来。比如这样一个句子：“肖邦的大量器乐作品都是因为它们的旋律优美而被人们理解的。”这个句子读起来就有翻译腔，这是一个被动语态，是英语中常用的语法表达，但更好的中文表达应该是“肖邦的大量器乐作品都旋律优美，所以人们能够理解”，或者“人们之所以能够理解肖邦的大量器乐作品，是因为它们都旋律优美”。在这个句子的逻辑因果关系中，中文表达的习惯很少用“被”，而会用主动语态的表达。把“被人们理解”换成“人们能够理解”更能体现中文的习惯。我们在此不涉及更深层的翻译问题（翻译问题是一个博大精深的话题，非笔者功力所能及；翻译问题还可以反映出文献运用规范问题），仅从语言的层面提醒研究者应该要有语言转换意识，用更好的中文来写作。总之，论文写作中，作者不仅要有语言转换意识，还要有文体意识，这样才能使写出来的论文在语言形式上符合论文的要求。

## 第二节　基本语法结构

论文写作中，每一个句子都有一个完整的语法，表达一个完整的意思。汉语语言是极为丰富的，对汉语句法结构最简洁的概括是“主谓宾、定状补”。“主谓宾”表述一个完整的语言信息，“定状补”是充实语言内容的结构单位。在基本的语言结构中，主谓句（“主语”+“谓语”）是最常见的句型。根据谓语的性质，主谓句可分为四种：动词谓语句、形容词谓语句、主谓谓语句和名词谓语句[①]。也就是说可以做谓语的有动词、形容词和名词。名词谓语句简洁明了，多用于口语，书面语用得较少。此外，还有一些特殊的动词谓语句，在写作中运用较多。这里，我们从实际写作中出现频率较高的句法中摘选几种进行论述。

## 一、动词谓语句

动词谓语句有不带宾语和带宾语两大类。不带宾语的谓语动词是不及物动词，带宾语的谓语动词是及物动词，带宾语的动词通常指向人和物，人作为间接宾语紧接动词，物作为直接宾语，在人之后。这个语法类似于英文中的"及物动词 + 人（somebody）+ 物（something）"。

① 他去了（主谓结构）。

② 莫扎特复活了（主谓结构）。

③ 舒伯特的音乐感动了我们（主谓宾结构）。

④ 这段音乐留给我们美好回忆（主谓双宾结构）。

具体分析上述例子，例①是主谓结构，主语是"他"（人称代词），谓语是"去"（动态动词），而"了"是一个动态助词，表明这个动作已经发生。[②]例②也是主谓结构，主语是"莫扎特"（人称名词），谓语是"复活"（状态动词），而"了"是一个动态助词，表示一种状态出现。这是一种比喻性的说法，因为莫扎特不可能真正复活，这个状态不可能真正实现，但当我们聆听莫扎特的音乐或观看表演者演奏莫扎特音乐的时候，我们可能会因为感受到莫扎特音乐鲜明的性格特征而写出"莫扎特复活了"的句子。

---

① 刘月华等著：《实用现代汉语语法》，北京：商务印书馆，2001 年，第 657 页。

② 动态助词"了"叙述动作的发生或状态的出现，不直接表示动作发生的时间，但用"了"的句子一般都有一个表示动作发生时间或状态出现时间的时间短语，如"他昨天去了"或"他去年去了"。如果没有时间词语，所表示的时间就是"说话时间"，就是"现在"。参考刘月华等著：《实用现代汉语语法》，北京：商务印书馆，2001 年，第 367 页。

例③是一个带有宾语的主谓结构,“舒伯特的音乐”是主语(名词短语),“感动”是动词谓语,“了”是动态助词,“我们”是宾语(人称代词)。这个句子也可以改写为:舒伯特的音乐使我们感动[①]。这是一个使动句,谓语动词“感动”具有使宾语(我们)感动的意思。同时,也是一个兼语句。[②]例④主语是“这段音乐”(名词短语),谓语动词是“留给”,宾语是“我们”+“美好回忆”(双宾语),一个宾语指人,是间接宾语,要紧跟着谓语动词;另一个宾语指物,是直接宾语,放在人称代词之后。这个句子也可以改写为“这段音乐给我们留下美好回忆”。改写后的句子中“给”作为介词,是动词演变而来的,“给”表示引进动作行为的接受对象“我们”。

## 二、形容词谓语句

形容词谓语句是用形容词做谓语,表示对人或事物的性状进行描写。由于涉及大量对音乐的描述,形容词谓语句是音乐表演专业论文写作中运用较多的句式之一。

①主部主题慷慨激昂。

②副部主题暗淡下来。

③第一乐章的音乐非常温暖。

④第二乐章的音乐柔和、安静而内敛。

上述几个例子都是形容词谓语句,从几个不同的方面反映了这类句

---

① 使动用法是古代汉语词类活用的重要内容,所谓使动用法,是指谓语动词具有“使宾语怎么样”的意思。使动用法用动宾结构的形式表达了兼语式的内容。现代汉语中,无论是书面语,还是口语,使动用法都大量存在。参考王兆鹏:《现代汉语的使动用法》,载于《汉字文化》,2002 年第 4 期。

② 兼语句是由一个动宾短语和一个主谓短语套构成的,谓语中前一个动宾短语的宾语兼作后一个主谓短语的主语;兼语句的第二个动词与主语不存在主谓关系,两个动词不共用一个主语。比如这句话中,“我们”是“使”的宾语,“我们”+“感动”是一个主谓结构,但“感动”不是“舒伯特的音乐”的谓语,即不能说“舒伯特的音乐感动”。参考刘月华等著:《实用现代汉语语法》,北京:商务印书馆,2001 年,第 708 页。

子的特点。例①主语是“主部主题”（名词短语），谓语是形容词“慷慨激昂”，说明了“主部主题”的特征。例②主语是“副部主题”（名词短语），谓语是形容词“暗淡”，而“下来”是趋向补语，补充说明暗淡的状态，功能上类似于动态助词。例③的主语是“第一乐章的音乐”（名词短语），谓语是形容词“温暖”，而“非常”是程度副词，常常用在形容词前面，表示“温暖”的程度，这是描写性的形容词谓语句的显著特征。例④的主语是“第二乐章的音乐”（名词短语），谓语是形容词“柔和、安静而内敛”，谓语不是一个形容词，而是几个形容词并列在一起，对“第二乐章的音乐”进行描写。这种情况在写作中是非常常见的现象。

## 三、主谓谓语句

由主谓短语做谓语的句子叫主谓谓语句，也就是说在大的主谓结构中又套了一个小的主谓结构。这种结构的句子在说明和描写的段落中很常见。

① 这段音乐旋律优美、节奏舒缓、结构紧凑。

② 这首歌曲曲调悠扬动听，歌词通俗易懂。

上述两个例子都是形容词谓语句的小结构套在主谓谓语句中。例①的主语是“这段音乐”（名词短语），谓语是“旋律优美、节奏舒缓、结构紧凑”，“旋律优美”“节奏舒缓”和“结构紧凑”分别是三个形容词主谓结构，描写“这段音乐”的三个不同侧面的特征，分别是大主语“这段音乐”的一部分。例②具有类似的特点，“曲调悠扬动听”和“歌词通俗易懂”本身是两个小的形容词主谓结构，是大主语“这首歌曲”的谓语部分，描述了“这首歌曲”两个方面的特征。

## 四、特殊谓语句

在基本语法结构中，除了动词、形容词做谓语较为常见以外，还有一些句式也运用较多，特别是在实际论文写作中，比如“是”字句、“有”字句、连动句、存现句等。这些句式也遵循主谓结构的语言结构，只是谓语所用的是一些特殊的词。

① 李斯特的音乐是19世纪最炫技的音乐。

② 他的表演有大师的风范。

③ 她走到舞台中央坐下来演奏肖邦的夜曲。

④ 广场上响起辉煌的军队进行曲。

例①是典型的“是”字句，“是”是动词(相当于英文中的“be”动词)，表示肯定的判断。“是”的前后都是名词短语，“李斯特的音乐”和“19世纪最炫技的音乐”在语义上是等同的，可以互换，也可以改成“19世纪最炫技的音乐是李斯特的音乐”。“是”可以用“不是”来否定，不能直接连接“了”“着”“过”等表示状态的副词，不能说“是了”“是着”“是过”。“是”字句中的主语可以是表示时间、地点等的名词或名词短语。比如“19世纪是器乐音乐最炫技的时代”，用表示时间的名词做主语；“舞台上是最有名的钢琴家”，用表示地点的名词做主语。“是”字句可以表示比喻性的说法，比如“肖邦的音乐是花丛中的大炮”，这时，“是”相当于“像”或“似”。例②是“有”字句。“有”是一个非动作的动词，作为谓语，它不表示动作行为，而是表示“存在”或“具有”什么属性或状态。“有”不能由副词“不”直接修饰，不能说“不有”，而要说“没有”，用“没有”表示否定含义时，也可以去掉“有”，只说“没”。在很多书面语中表示“没有”的意思，常用“无”或“毫无”。书面写作中，常常用到“具有”的动词谓语句表示一个事物的属性特征或意义。比如“巴赫的音乐对整个西方音乐的历史具有重要的意义”。例③是由两个以上的动作连续构成的连动句，“走”“坐”“演奏”构成一个连续的动作结构，并且有先后顺序的关系。这种句子中如果有形容词、副词修饰动作则更能突出所要描写的状态和意义。比如“她沉着地走到舞台中央优雅地坐下来演奏肖邦的夜曲”。这个句子不仅暗示了“她”的舞台形象和演奏风格，而且为她所要演奏的作品做了一种情绪的铺垫。例④是一个存现句。所谓存现句，是指某个地方存在或消失了某一事物，它的描写性很强，常常用在文学性的表达中，有着特殊的语言功能和表现力，常常运用一些色彩很强的词汇与“着”连起来作为谓语动词进行表达，比如“闪耀着”“飞舞着”“飘荡着”“笼罩着”等等。

## 第三节　完善语法功能

基本的语法结构表达一个完整的意思，但更丰富的内容则需要语法的进一步修饰。在“主谓宾”的基础上，“定状补”结构的加入，使语言表达充盈起来，更丰满，常常运用于复杂的叙述、生动的描写和准确的论述。定语修饰名词，一般出现在主语和宾语的位置上，定语对所修饰的名词起到限定性和描写性的作用，比如“一位音乐家”（“一位”限定“音乐家”的数量）和“沉重的音响”（“沉重的”是对“音响”状态的描写）①；状语用在动词或形容词之前，起修饰动词和形容词的作用，常常作为谓语的修饰成分而存在。状语也包括限定和描写的功能，可以作为状语的词语很多，表达也很丰富，它的形式主要由谓语决定，还有一些副词和介词短语是状语的习惯用法，比如“从……起”“根据……”“沿着……”等等；补语主要用在动词或形容词之后，起补充说明的作用，补语可以表示结果、趋向、情

---

① 起限定作用的定语，从时间、数量、属性等方面对名词进行修饰，位置不能和所修饰的名词调换，比如不能说“音乐家一位”，如果调换，就不再是定语的功能了，比如“音乐家一位”就是数量词“一位”做了谓语的主谓结构了，因此，可以说“音乐家一位，舞蹈家两位”。起描写作用的定语可以和所修饰的名词调换，调换顺序之后语法功能也会发生改变，比如“音响沉重的”，则又成为一个定语，需要再接一个名词才能做主语或宾语（“音响沉重的音乐”）；另外，形容词与名词的关系可以相互转换，比如“沉重的音响”和“音响的沉重”中的“音响”和“沉重”互相转换了词性，产生了名词形容词化和形容词名词化，表达的意思相同，但强调的意义不同，主语或宾语就会不同。

态、程度等。特别需要指出的是，与英文不同，英文中做定语和状语的词语在写法和读音上都有区别，而汉语中，“的”和“地”在口语中读音相同，由于“地”的状语性质，读音被弱化为和“的”的读音一样，但在书面写作中，却不能混用，它们具有不同的语法功能。下面就几种实际写作中最容易混淆的方面进行分析。

## 一、“的”的使用

“的”，结构助词，是定语的标志。充当定语的词语通常和“的”连用，比如，“优美的”“迷人的”“遥远的”“怀旧的”这类描写性的定语在文学和艺术类写作中非常常见。由于能充当定语的词语很多，有名词、数量词、代词、形容词、动词、主谓短语等等，“的”的使用也颇为复杂，而且有的习惯用法和固定短语搭配是省略“的”的，需要长期的语言学习经验才能掌握，比如“知识青年”，一般不说“知识的青年”。此外，定语更多的不只是一个，而是多个定语连用，多个定语连用的情况中，不同定语之间构成不同的关系组合，有并列的、递加的、逻辑的关系，这决定了不同定语的位置有所讲究，而且是否用“的”和用多少个“的”较为合适也有一定讲究，主要遵循中文的语言表达习惯。

① 一个为艺术而献身的精益求精的[艺术家]是好艺术家[1]。

② 他的[即兴演奏]具有很高的[技术含量]。

③她沉着大气的、充满激情的和富有表现力的[演唱]赢得了满场喝彩。

---

① 举例中画线部分是做定语的修饰部分，带方框的是句子结构中被修饰的做主语或宾语的核心名词。

④勃拉姆斯的钢琴音乐是两个世纪以来最伟大最深刻的音乐之一。

⑤他在音乐表演方面无与伦比的卓越才能是他成为家喻户晓的明星的关键因素。

从定语的角度,例①的定语主要体现在修饰"艺术家"(主语)的词上面,有"一个""为艺术而献身""精益求精"。"一个"是限定性定语,从数量上进行限制,"为艺术而献身"和"精益求精"是描写性的定语,限定性定语从数量、方位、状态上对所修饰的词语进行限定,要放在描写性的定语前面。两个描写性的定语在关系上没有特别明显的先后顺序,可以调换顺序。可以改写为"一个精益求精的为艺术而献身的艺术家是好艺术家",但不能写为"精益求精的为艺术而献身的一个艺术家是好艺术家",如果把限定性定语放在非限定性定语之后则不符合汉语语序的规律。表示并列关系的定语在排列时可以不用标点符号直接连接,也可以用顿号来连接,如可以写成"一个为艺术而献身的、精益求精的艺术家是好艺术家"。但有的时候,在描写性的句子中,数量词可以放到形容词后作为定语起强调作用,比如"这是灿烂而辉煌的一个乐章"和"这是一个灿烂而辉煌的乐章"都可以。在这种情况下,数量词和做定语的形容词在动词"是"之后,而前面不能调换顺序的数量词和形容词在动词"是"之前。与谓语动词的距离决定了限定性与描写性定语的顺序。有的定语可能存在时间、逻辑上的先后关系,也不能调换顺序。比如"一个从小成长在贫困家庭、长大后有些自惭形秽的人"中的定语就不能调换顺序。

例② 他的即兴演奏具有很高的技术含量。"即兴演奏"和"技术含量"都是固定名词短语搭配,"即兴"和"技术"实际上都具有定语功能,但如果写成"即兴的演奏"和"技术的含量"都不符合汉语习惯,所以这种情况下"的"被隐含地省略掉了。像这类情况还很多,例⑤中的"关键因素"

也属于这类情况。

例③她沉着大气的、充满激情的和富有表现力的演唱赢得了满场喝彩。这是一个典型的多项定语的句子,“沉着大气的”“充满激情的”“富有表现力的”是三个定语,关系上是并列的,类似这种三个或三个以上呈并列关系的定语的情况,应该在第三个定语之前或最后一个定语之前用“和”连接,而不能倒过来。“的”在这个句子中是定语的明显标志,这个句子也可以改写成“她沉着大气、充满激情而又富有表现力的演唱赢得了满场喝彩”。改写后的句子去掉了两个“的”,显得更简洁,这可在有太多“的”的定语的时候灵活运用。也就是说,在“的”比较多,即定语比较多的情况下,可以根据实际情况去掉一些“的”,但一定要注意所有这些定语与所修饰的名词之间的关系。另外,“她”在这个句子中也是一个定语,作为人称代词,顺序应该在描写性的定语之前,即不能写成“沉着大气的、充满激情的和又富有表现力的她的演唱赢得了满场喝彩”。

例④ 勃拉姆斯的钢琴音乐是两个世纪以前最伟大最深刻的音乐之一。“钢琴音乐”是专有名词,中间没有“的”。“两个世纪以来”是时间上的限定性定语,要放在描写性的定语之前。“最伟大最深刻”用“最”连接了“伟大”和“深刻”两个形容词,可以不用“的”。类似“最……最……”的用法还有“又……又……”“很……很……”。

例⑤他在音乐表演方面无与伦比的卓越才能是他成为家喻户晓的明星的关键因素。这个句子由于定语较多而变得很长,其中对“的”的处理值得注意。“他”“在音乐表演方面”“无与伦比”“卓越”分别是四个修饰“才能”的定语,由于“卓越”和“才能”较近的搭配关系,把“卓越”放在最后,紧跟“才能”,既省去了“的”,又能使多项定语很好地组合起来。“在音乐表演方面” 作为定语,后面本来也有一个“的”,但由于是所属方面的限定性定语,与“无与伦比的”这个形容词连接时也可以省略“的”。

"他",人称代词,作为限定性定语是放在首位的,这个定语与其他定语的顺序不可调换。

## 二、"地"的使用

"地",结构助词,是状语的标志。"地"大量地用在表示描写的情形中,描写动作的发生状态、程度等。与"地"连用的状语一般是动词和形容词。由于汉语的音节关系和语言习惯问题,做状语的修饰成分中,"地"的使用也非常灵活,有时不能用,有时可用可不用,有时必须用。比如,"直视前方"中"直"是单音节形容词,修饰动作"视",不能用"地",不能说"直地视前方"①;"格外地激动"中"格外"是双音节程度副词,修饰动作"激动","地"也可以省略,可以说"格外激动";"轻轻地说"中被修饰的动词"说"是一个单音节的动词,前面的"地"不能省略。状语在句子中的位置处于中心语之前,极少数情况下,可以处于中心语之后,有的只能位于主语之前,有的只能位于主语之后,有的既可以位于主语之前又可以位于主语之后,强调的成分不同。与定语类似,状语也有多个连用的情况,呈现出并列的、递加的、交错的关系。

①听了这段感人至深的音乐之后,大家激动地鼓起掌来。

②他不知所措地离开了舞台。

③渐渐地,她进入了佳境,发挥出了一个优秀钢琴家应有的水平。

④他昨天像着了魔似的对着观众疯狂地扭动身体。

⑤歌唱家游刃有余、沉着冷静而又充满感情地唱起那首情歌。

---

① "真"也是一个单音节形容词,因此,"真"后面也不接"地",不能说"真地清楚"或"真地不清楚"。但"真"是一个特殊的单音节形容词,当做状语时,可以说"真的",比如可以说"真的不清楚",这个"真的"并不是定语,但用了"的",这是一个极为少有的现象。参考刘月华等著:《实用现代汉语语法》,北京:商务印书馆,2001 年,第 514 页。

例①中"激动地"是一个形容词状语，修饰动作"鼓"。"地"是状语的一个显著标志，它的使用由它所修饰的动词"鼓"决定，这里的"地"既不能写作"的"（"激动的鼓"），也不能省略（"激动鼓"）。"听了这段感人至深的音乐"也是一个状语，由于这个状语较长、较复杂，提到主语"大家"之前来表述比较适宜。如果改写成"大家听了这段感人至深的音乐之后激动地鼓起掌来"，从语法结构上看，似乎没有什么问题，但由于状语太长，使主语和谓语之间被隔开了较远的距离，而增加了语言信息捕捉的难度，显得不如例句中的表达。因为不管定语、状语的描写多么细致入微，人们阅读的时候总是倾向于找到"主谓宾"基础结构，从而完成意思的理解。

例② 他不知所措地离开了舞台。"不知所措地"是一个典型的状语，修饰动词"离开"，"地"不能写成"的"，也不能省略。但这个句子可以改写成"他不知所措，离开了舞台"。改写后的句子去掉了"地"，但加上了"逗号"分隔，"不知所措"不再做状语，而是做谓语，"他"和"不知所措"构成了主谓结构，整个句子有连动句的特点。这种类型的句子一般出现在做状语的形容词是固定短语，且可以动词化表示人物的状态。比如例①中就不能写成"大家激动，鼓起掌来"。

例③ 渐渐地，她进入了佳境，发挥出了一个优秀钢琴家应有的水平。"渐渐地"是一个状语，这里的"地"不能省略，"渐渐地"放到主语"她"之前，强调了一种时间上的意义，这个表达有很强的描写性，有很强的文学色彩。如果改写成"她渐渐地进入了佳境，发挥出了一个优秀钢琴家应有的水平"也是可以的。从中，我们看到做状语的语言形式的诸多灵活性。

例④ 他昨天像着了魔似的对着观众疯狂地扭动身体。这个句子涉及"昨天""像着了魔似的""对着观众""疯狂地"多个状语，其中"疯狂地"是描写性的状语。这个句子中几个状语的顺序不可调换，"昨天"是表示时间性的状语，具有限定性意义，必须放在最前面，甚至可以单独放到主语“他”之前，强调时间的意义；“像着了魔似的”描写动作者“他”，因而也应该紧跟主语“他”；“对着观众”是表示对象的状语，放在描写动作者的状语之后，靠后排列；“疯狂地”是描写动作本身的状语，紧跟着动词（“扭动”）。这个句子中任何一个状语的顺序改变都会使句子变得杂乱，显得思路不清晰。这说明，在描写性的语言表达中，状语的修饰位置实际上与它所修饰的词语存在一定的亲疏关系，在整个句子中也有一定的逻辑结构方面的考虑，需要特别注意。

例⑤ 歌唱家游刃有余、沉着冷静而又充满感情地唱起那首情歌。这个句子也是多项状语句。“游刃有余”“沉着冷静”和“充满感情”是从不同的方面描写主语“歌唱家”的演唱状态，并且前面都省略了“地”，只保留了最后一个“地”紧跟着所修饰的动词“唱”。这几个状语是并列关系，原则上没有先后差别，一般只在最后一个状语后用“地”，其他用顿号分隔，超过三个（包含三个）状语的修饰语倒数第二个后面可用“而”“而又”来连接。这种情况类似多项定语的情况，但要特别注意的是，多项定语是通过加“和”来连接，而状语不能用“和”连接，只能用“而”或“而又”。此外，多项状语由于对所修饰的成分进行不同方面的描写，可以拆出其中的状语成分作为补语，转换表达方式。比如例⑤可以改写成“歌唱家沉着冷静而又充满感情地唱起那首情歌，她唱得那么游刃有余”。

## 三、“得”的使用

“得”，结构助词，是补语的标志，较“的”（定语）和“地”（状语）容易区分。“得”只是某一些类型的补语标志，用“得”表示的补语多在程度上进行补充，表明状态，说明可能性，用在动词或形容词之后，但“得”并非全部补语的标志，很多补语是用其他词表示的[①]，而且补充说明程度的表达中，也有的不使用“得”。“得”作为补语的语法现象是汉语特有的一种现象，在英语中可能会用两个句子来表达，或者更多的是用副词做状语来修饰动词。因为补语的使用意义常常包含两层含义，一层是动作的发生，另一层是动作发生所达到的程度、状态和水平。比如“他跑得很快”中，“他跑”表示动作的发生，“跑得很快”表示跑的状态是“很快”。

①这首曲子她演奏得非常流畅。

②观众是否听得懂这段音乐，就要看他的阐释能力了。

③你想一个星期把这首曲子练出来，想得真美。

例①中的“得”补充说明“演奏”的状态是“非常流畅”，也可以说“演奏”达到的程度是“非常流畅”。这类用法是非常常见的补语用法，类似的还有“她唱得非常好”。其中的“得”不能用“的”或“地”。这类表示情态的补语常常可以用状语形式改写，如可以改写成“她非常流畅地演奏了这首曲子”。改写过程中我们看到，由于状语对语序的要求，需要对句子的主谓宾进行重新组合，除了把“得”这个补语的标志词变成了状语的“地”之外，还在宾语“这首曲子”之前加了一个表明结果的助词“了”。但是由于语言习惯，有些补语却不能变成状语改写。比如“这首曲子她演奏得太差了”，就不能改写成“她太差地演奏了这首曲子”，改写后的句子听起来有些别扭，因为有“太”这类表示程度的补语不适合用作状语，在中文语言习惯中这种补语是很有特色的表达。

---

① 典型的补语是位于动词或形容词之后的谓词性成分，按照意义和结构特点，补语分为七种：结果补语、倾向补语、可能补语、情态补语、程度补语、数量补语和介词短语补语。比如“拿出来”（结果补语），“走过来”（倾向补语），“去一趟”（数量补语）等。参考刘月华等著：《实用现代汉语语法》，北京：商务印书馆，2001 年，第 533—534 页。

例② 观众是否听得懂这段音乐，就要看他的阐释能力了。这个句子中“听得懂”是一个补语结构，“得”补充说明了“听”的可能结果是“懂”（或不懂），含有“是否能”或“能不能”的意思，这是一个可能补语。这个句子可以去掉“得”进行改写，比如可以改写成“观众能否听懂这段音乐，就要看他的阐释能力了”，或“观众是否能听懂这段音乐，就要看他的阐释能力了”。可见，用“能否”或“是否能”这两个带“能”的表达都可以把“得”去掉，但如果没有“能”，“得”就不能去掉，比如不能说“是否听懂”。有一些习语性表达有类似功能，但“得”还必须保留，如“经得起”“靠得住”等，可以说“能否经得起”“是否经得起”“能不能经得起”，但不能说“能否经起”“是否经起”“能不能经起”。

例③ 你想一个星期把这首曲子练出来，想得真美。这个句子中“想得真美”是一个补语结构，“真美”补充说明了“想”的情态和程度。这也是汉语语言中的特殊表达，并且这个句子是反语，表示“不可能”的情况，在口语中常常使用。这种特殊表达既不能改写，也不能把补语换成状语表达，不能说“真美地想”。

总之，“得”的使用虽然也有许多变化，但由于修饰动词补充说明动作的情况居多，而修饰形容词的时候又常常可以改写成状语，因此在实际论文写作中运用相对较少，且比较容易区别。在书面语言的表达中，特别是论文写作中，描写动作的句子较少，名词化和形容词化的情况较多，所以要特别留心“的”和“地”的使用情况。

## 第四节　句子的连接

从前面的讲解中我们看到，由于修饰成分（定语、状语和补语）的多少，一个句子可长可短，但核心结构是主谓宾。此外，写作中还会遇到很多由两个或两个以上在意思上有关联的单句构成的更复杂的结构，即复句结构。复句中的每个单句叫分句,在分句与分句之间常常用逗号或分号隔开,并有语气的停顿,而当一个完整的意思表达完成之后,则用句号结束。不同的分句之间,由于意思上的关联而联系在一起,这种关联有因果关系、并列关系、递进关系、转折关系、条件关系、假设关系、让步关系等等,通常要用到相应的关联词来连接,这样就形成了我们常常所说的"句型"。正确使用这些关联词使句子表达有逻辑、有主次、有层次,是构成清晰的段落论述的基础。

① 这段音乐不仅描写了大自然的景象,而且反映了作曲家内心情感的变化。

② 因为这是一部脍炙人口的作品,所以演奏中任何小的失误都容易被听众察觉。

③ 虽然他的演唱并不是那么完美,但是听众依然给予了热情的掌声。

④ 只要节奏正确了,这段音乐的风格就把握住了。

⑤ 如果放慢一倍速度演奏,那么这段音乐的情绪就会完全不同,甚至面目全非。

⑥ 尽管有一些小瑕疵,霍洛维茨的演奏仍然算得上是世界一流的演奏。

⑦为了增加主部与副部的对比,使音乐在发展过程中有更多的戏剧性冲突,作曲家不仅在旋律、节奏和调性方面采用了不同的写法,而且利用力度对比形成强烈的反差。

例①用"不仅……而且……"连接了两个分句,这两个分句之间是递进关系,"不仅""而且"作为两个连接词,都不能省略,应该完整地出现,在意思上强调的是"而且"后面的内容。这个句子中,"不仅"和"而且"所表述的对象都是主语“这段音乐”，即是同一个主语，因此在“而且”之后省略了“这段音乐”。这种存在逻辑关系的句子，省略主语显得更简洁清楚，如果不省略，反而变得累赘和别扭，如“这段音乐不仅描写了大自然的景象，而且这段音乐反映了作曲家内心情感的变化”（在实际写作中，出现这种赘述的情况很常见）。在递进关系的复句中，如果选用不同的连接词，有的分句则可以省略连接词。比如这个句子可以换一种说法，改写成“这段音乐描写了大自然的景象，并且反映了作曲家内心情感的变化”。

例② 因为这是一部脍炙人口的作品，所以演奏中任何小的失误都容易被听众察觉。这个句子用“因为……所以……”连接了两个分句，分句之间是因果关系，可以同时省略连接词，改写为“这是一部脍炙人口的作品，演奏中任何小的失误都容易被听众察觉”。也可以省略“因为”，改写为“这是一部脍炙人口的作品，所以（因而）演奏中任何小的失误都容易被听众察觉”，这个句子中，可以用“因而”代替“所以”。此外表达因果关系的连接词还有“由于”“以至于”，这个词习惯于单独使用，那么上面的句子可以改写为“由于这是一部脍炙人口的作品，演奏中任何小的失误都容易被听众察觉”，也可以改写为“这是一部脍炙人口的作品，以至于演奏中任何小的失误都容易被听众察觉”。

例③ 虽然他的演唱并不是那么完美，但是听众依然给予了热情的掌声。这个句子用“虽然……但是……”连接了两个分句，是转折关系复句，两个分句并不共用一个主语，而是分述两个事实，强调的是“但是”后面的内容。这种句子中的连接词不能同时去掉，但可以把“虽然”去掉，只用“但是”[①]，改写为“他的演唱并不是那么完美，但是听众依然给予了热情的掌声”，也可以把“但是”改成“然而”表示转折，但在语气上通常要

---

① 注意英文中类似的表达和中文有差别，英文中表述“虽然……但是……”的转折意义的句子，不能同时使用“虽然”和“但是”两个连接词，只能用其中一个，要么用“虽然”（although），要么用“但是”（but）。

加逗号隔开,改写成“他的演唱并不是那么完美,然而,听众依然给予了热情的掌声”。此外,还可以用“却”“不过”“可是”等词语连接,意思相近,但不同的连接词在不同的上下文语境中语气上可能存在很细微的差别。比如“他的演唱并不是那么完美,可是听众却给予了热情的掌声”,这个句子隐含着说话者的态度是“他的演唱”不应该得到“热情的掌声”的含义。

例④ 只要节奏正确了,这段音乐的风格就把握住了。这个句子用“只要……就……”连接了两个分句,分句之间是条件关系。“只要”是一个充分条件,“只要”达到这个条件,就能产生后面的结果。也可以用“只有……才……”,改写成“只有节奏正确了,才能把握住这段音乐的风格”。还可以用“除非……”,改写成“除非节奏正确了,否则就把握不住这段音乐的风格”。这个句子中“除非”是排除性的条件,因此后面的分句必须是双重否定形式(否则……不……),才能表示一个肯定的意思。

例⑤ 如果放慢一倍速度演奏,那这段音乐的情绪就会完全不同,甚至面目全非。这个句子是一个假设复句,用了“如果……那……就”连接词,是假设一种情况的出现。这种假设复句的句型中,“如果”是表示假设的连接词,也可以用“要是”“假如”“倘若”等。有时也可以省略连接词,而不影响意义的表达。比如这个句子也可以改写成“放慢一倍速度演奏,这段音乐的情绪就会完全不同,甚至面目全非”。

例⑥ 尽管有一些小瑕疵,霍洛维茨的演奏仍然算得上是世界一流的演奏。这个句子是用“尽管……仍然……”构成的让步复句,强调的是“仍然”连接的分句的内容,“尽管”引导的分句作出让步。其中,“尽管”可以去掉,改写成“霍洛维茨的演奏有一些小瑕疵,但仍然算得上是世界一流的演奏”。让步复句与转折复句意思相近,也可以改写为转折复句,如“虽然有一些小瑕疵,但是霍洛维茨的演奏仍然算得上是世界一流的演奏”。让步复句常用的关联词语还有“即使”“哪怕”“固然”等。

例⑦是一个由“为了”引导的目的复句，但在这个复句的第二个分句中，又包含了一个“不仅……而且……”构成的递进复句，实际上形成了一个多重复句，这种句子在论文写作中也经常用到，用以表达较复杂的意思和多层次的意义。在运用多重复句时，要注意不同分句层次之间的关系，同时还要注意谁是主语。主语是句子中最重要的核心成分，特别是在复杂的句子中，在有多个连接词构成的长句中，一定要清楚主语是谁，才能理清所描述的对象是谁，或是由谁发出的行为。主语的确定还会决定关联词语所处的位置，或者是否省略关联词。

综上所述，不管句子是简单还是复杂，都要从“主谓宾”入手，分析“定状补”，用合理的关联词把句子组织成有逻辑的语言表达，这就是语法和修辞作为写作的基础的意义。用一句话说，就是“抓住核心、保持逻辑”。中文语言表达是异常丰富多彩的，实际运用中千变万化，这里所举的例子仅仅是笔者依据经验针对写作中容易遇到的一些要点略作讲解，远远不能涵盖所有的语言现象，而实际学习和写作中，需要研究者具有准确运用语言的意识，注重语言结构的完整，注意语言的修辞细节，不断积累经验，活学活用，从而达到一个高质量的语言写作水平。

# 第三章　逻辑与结构

论文写作以提出问题、组织结构、展开论述，并得出结论作为研究步骤。论点、论据、论证将如何展开，既有一定的规律可循，又可以有灵活的变化，关键是要清晰地把研究的内容有逻辑、有层次地呈现出来。逻辑清楚、结构清晰是一篇好论文的必要条件，本章将对论文的布局谋篇方面，包括论文中必不可少的结构构成部分，如前言或引言、摘要、关键词、结语或结论等构成要素的写法进行一些建设性的分析。

## 第一节　篇章布局安排

依据选题，研究者已经拟定了研究的主题，并且通过标题体现出来，那么研究的主题是不是一个有意义的问题，这是值得仔细思考的。结合第一章《思考与研究》中讲过的内容，所谓"有意义的问题"是指在我们的学习过程中通过大量实践经验和个人体会所发现的，对专业学习有重要意义的某一些方面，这些方面可能影响我们对作品的理解(比如作品阐释问题、表演风格问题、真实性问题)，或者影响我们对表演技术训练的认识(比如高音发音技巧问题、声区转换问题、气息和情感表达问题)，这些都是"有意义的问题"，是需要"研究"的问题。如果把各类问题进一步归纳，从人文社会科学的一般层面看，研究的问题可能涉及观念问题、实际问题和应用问题①。这几种类型的问题可以单独进行论证和说明，成为

---

① 美国学者杜拉宾提出研究要问的问题有三类：观念问题(conceptual questions)、实际问题(practical questions)和应用问题(applied questions)。Kate L. Turabian, *A Manual for Writers of Research Papers, Theses, and Dissertations*, 7th Edition. Chicago: The University of Chicago Press, 2007, p.5.

独立的研究论文,也可以结合起来写作,从观念到运用展开论述。比如"真实性"(authenticity)问题,这个问题是一个音乐哲学问题,国外有许多论述专门讨论了音乐的"真实性"问题①,对于这个问题,可以从理论层面进行探讨,分析这个概念的产生、发展和变化。但同时这个问题也是一个实际问题,在西方,真实性问题本身就是从表演中提出来的,由于20世纪音乐风格的现代化,从反面激起了复古运动的兴起,如何在现代(乐器和审美品位都发生了变化的时代)阐释早期的(如文艺复兴时期、巴洛克时期)音乐就成为一个实际问题。一个表演者如何在具体的作品中做到"真实性",采用哪些表演手段和方法达到对历史风格的靠近,最大程度做到"真实性",就涉及实际操作中的技术应用问题。可见,观念、实际和应用并没有断裂成完全孤立的领域,它们是相互联系着的、互相影响的,对于研究来讲,它们之间有连接起来的可能性。

音乐表演论文的写作,绝不能陷入观念的"旋涡",这是一大难点,也容易导致误区(后文将讲到理论运用问题)。但从问题入手,研究者要学会寻找一个合理地解决问题的途径或思路,即通过寻找问题的答案,展开文章的逻辑结构。草拟论文提纲是一种可行的有效的开始论文写作的第一步。根据自己的研究主题,拟定出一个写作提纲,能使论文写作有规划、有步骤地展开,同时论文提纲也是思考过程不断深入和具体化的体现,提纲要尽可能具体到章节和要点,不要笼统和大而化之地处理。写作过程中,还可以对提纲不断进行修正完善。提纲的确定会使得最终写出来的论文除了有大的标题,也有次级结构标题,读起来更加清晰。

比如这样一个论题"肖邦夜曲的抒情性研究"或"肖邦夜曲的抒情性

---

① 比如彼得·凯维(Peter Kivy)从哲学角度进行了专题研究,提出了"真实性"的四层含义:一是忠实于作曲家的表演意图,二是忠实于作曲家生活时代的表演实践,三是忠实于作曲家生活时代的表演音响,四是忠实于表演者个人原创性的而非仿效的表演方式。Peter Kivy, *Authenticities: Philosophical Reflections on Musical Performance.* Ithaca: Cornell University Press, 1995.

分析与演奏”。这个论题很清楚,大家看了之后都能基本明白研究者的意图,是试图研究“肖邦”“夜曲”的“抒情性”。“肖邦”和“夜曲”是从人物和作品体裁方面进行了限定,而“抒情性”是要研究的问题,且是一个有意义的问题。面对这个论题,研究者可以从以下方面进行思考,遵循提出问题,并解决问题的思路来逐渐形成写作提纲:

1.“抒情性”这个概念是怎么产生的?这个概念如果体现在19世纪的器乐作品中,特别是肖邦的夜曲中,它指的是什么?

2. 它和声乐作品或歌词有没有联系?(它的英文是 lyricism)它是一种创作风格吗?它是一种表演风格吗?

3.“抒情性”在肖邦夜曲中怎么体现出来的?哪些方面体现了抒情性?旋律,节奏,还是和声?具有什么样特征的音乐可以称为“抒情性”?

4. 肖邦夜曲中的“抒情性”有没有在其他的作品中体现?有没有在其他的作曲家的作品中体现?“抒情性”是肖邦作品专有的特点吗?

5. 与“抒情性”这种特征完全相反的特征是什么?也就是说“抒情性”的反义词是什么?是“戏剧性”,还是“英雄性”?“抒情性”和它的相反的特征的关系是什么?

6. 肖邦夜曲有很多首,是不是每一首都有“抒情性”?不同的夜曲是否体现了同一种“抒情性”?或者是什么特征决定了每一首夜曲都有“抒情性”?

7. 如果作为读者,希望从这篇论文中看到和得到什么?是“抒情性”的概念解释吗?是怎么表演“抒情性”吗?

……

上面列举出的这些问题是拟定写作提纲之前应该设想的,当然还可以更多。在想到这些问题的基础上,研究者要试图回答这些问题,为这些问题找到可能的答案。为了解答这些问题,研究者还必须展开资料搜集工作(当然可以和师长、学长或朋友讨论获得一些答案)。寻找答案的同时，也要为可能的答案寻找理由(可能发展成论文提纲)，看看设想的答案是不是站得住脚，有没有说服力，如果别人跟你讲这些答案，你相信吗？任何论文都是自圆其说的过程，关键是论题提出的问题，和之后的论据、论证之间的逻辑关系是否清楚，论证是否充分地证明了论据的合理性。经历了这样的思考过程和寻找答案的过程之后，假设初步拟定一个论文主体结构提纲如下：

**肖邦夜曲的抒情性分析与演奏**

一、抒情性的定义

1. 抒情性的概念产生

2. 声乐中的抒情性概念

3. 器乐作品中的抒情性问题

二、肖邦夜曲的抒情性分析

1. 旋律特征

2. 节奏特征

3. 和声特征

三、肖邦夜曲的抒情性演奏

1. 触键技巧

2. 乐句连接技巧

3. 气息和身体协调

4. 踏板运用

从这个提纲可以看出，研究者思路基本清楚，首先，定义什么是“抒情性”，解答读者对这个核心概念的疑问；其次，在肖邦夜曲中分析抒情性的表现特征，从旋律、节奏、和声三个方面进行分析；再次，对怎么演奏肖邦夜曲的“抒情性”，从四个方面来论述：触键技巧、乐句连接技巧、气息和身体协调，以及踏板运用。这个提纲虽然比较粗略，也不一定很准确（比如，是否旋律、节奏、和声这三个方面就是抒情性的特征体现，可能有待商榷，写作中可以不断修改），但是在逻辑结构上遵循了"问题——解决"的思路，提供了支持论题的论据（论证过程要看具体写作）。有了提纲之后不要停止思考，写作过程中还应该继续思考，修正提纲。比如，旋律、节奏、和声这三个方面是同时具备某种特征才算"抒情性"，还是每个方面都可以体现出"抒情性"？这三个方面会不会相互影响和作用？再比如，触键技巧应该进一步细化，采用什么触键技巧表达"抒情性"？等等。下面，我们试对比同一题目的另一个写作提纲就更能发现主题与论文篇章逻辑布局中出现的问题。

**肖邦夜曲的抒情性分析与演奏**

一、肖邦的生平介绍

1. 肖邦的钢琴作品

2. 肖邦的夜曲创作

二、肖邦夜曲的音乐分析

1. 曲式结构特征

2. 旋律、节奏、和声

三、肖邦夜曲的演奏分析

1. 抒情性的演奏

2. 风格的把握

对比之下能看出两个提纲的差异。显而易见，第二个提纲没有立足于"问题——解决"的途径，思路并不清楚，既没有把论文的主题聚焦到"问题"上，又没有针对"有意义的问题"展开逻辑思考，形成论据，或解释的理由。这个提纲中，"音乐分析"部分跟"抒情性"是什么关系？"曲式结构特征”反映了抒情性吗？“生平介绍”对“抒情性”这个问题有帮助吗？（假设有，应该怎么写？）“演奏分析”部分出现了“抒情性的演奏”内容，但不具体，“风格的把握”想说什么？这个提纲由于缺乏提出问题和解决问题的思考路径，实际上反映出研究者思路不清，漫无目的，不知道自己每个部分的写作是为什么而写，也没有学会针对一个论题形成一个假设性的能够自圆其说的逻辑结构。可以猜想，这个提纲的题目可能根本没有“抒情性”这个关键词，而是“肖邦夜曲的分析与演奏”，也或者研究者隐约想到要谈论“抒情性”，但完全不知应该怎么谈论，从哪些方面入手去思考。然而，实际写作中，类似这样的论文写作提纲却在很多学生的论文写作中出现（包括大量学位论文）[①]，应该引起高度注意并警惕！

值得指出的是，围绕一个核心的论题来展开逻辑是论文写作的基本要求。但文章篇章结构的安排是依据研究的主题来确定的，主题不同，研究的目标不同，文章结构也会不同，没有固定的千篇一律的模式，表演论文的写作也有很多不同的类型。为了深化文章结构布局问题，我们应该能进一步理解不同类型的文章的结构布局可能不同。在表演论文的篇章结构展开方式上，有几种典型的类型，如分层式、并列式、演进式、比较式。上述举例属于分层式，可以提炼出“定义—分析—演奏”三大部分，每一部分的内容有内在关联，但是相对独立，论述的是不同的方面，这种分层式也属于“特征提取”类，针对的是“夜曲”这种体裁，但论述的是“抒情性”这个特征。这种特征决定了举例论证过程中必定要从不同的夜曲中抽取“样本”来分析。“演奏”与“分析”部分转变了论述方式，“演奏”部分从“技巧”上进行了分述，并没有再用“特征”来引

① 特此说明，上述两个对比举例的提纲都不是真实的论文提纲，而是笔者根据现实经验创造出来的类似的结构，是实际论文写作教学中遇到的很典型的类型，具有代表性意义。

导,如果再沿用“分析”部分的“特征”引导,就会形成这样的格局:旋律的演奏技术、节奏的演奏技术、和声的演奏技术。这样的结构很容易导致重复赘述。

并列式会出现在结构相对较大的学位论文中,或是以几个作品研究为重点的论文中。比如这样一个论题:“莫扎特的三个歌剧咏叹调的分析与演唱”,由于涉及“三个咏叹调”,即三个作品,每个咏叹调的特征和演唱要点可能不同,故可进行并列式论述。这个主题的问题意识并不强,但在组织结构提纲的时候仍然要考虑一系列的问题,并通过这些问题建立内在逻辑关系:为什么选择这三个咏叹调?三个咏叹调之间是什么关系?三个咏叹调是具有相同的风格,还是不同的风格?三个咏叹调有没有创作年代上的先后关系?这个时间上的先后关系是否涉及风格问题?每个咏叹调最富有特色的地方是什么?等等。思考了这些问题之后,才可能在结构组织安排上抓住每个咏叹调的特色重点论述,最后达到虽然并没有以问题为导向,但是在论述中揭示出内在逻辑,使潜在的“问题”——风格的细微差异导致演唱的不同处理——凸显出来。

演进式适合于论述跨越一定历史时期的某一类特征的论文。比如这样一个论题:“不同时期大提琴作品的装饰音风格及演奏”。从这个论题可以猜想,“不同时期”必然至少应该包括三个时期(或三个以上时期),才能形成一个良好的论证结构。可假设这三个时期是“巴洛克时期”“古典时期”和“浪漫时期”。“装饰音”是一个“有意义的问题”,而“不同时期”“装饰音”有不同的特点和变化,使这个论题更有研究意义,也更有研究难度。这个论题几乎只能按照时间顺序进行论述,故称为演进式,而不能先论述“浪漫时期”,再论述“巴洛克时期”。论述的结构内容必然要以这几个不同的时期中有装饰音的大提琴作品为例来说明。这是一个有问题感的论题,要特别注意“装饰音”风格的内在变化及演奏的不同处理,并揭示这种变化的原因。

比较式也是很常见的论文写作类型，一般用于两个作曲家之间或不同的作品之间进行比较，或者同一个作品的不同演绎之间的比较。但由于“差异性”和“相对性”逻辑，忌讳在不同作曲家不同体裁的作品间比较，而应该在不同作曲家的同一体裁的作品中比较，或者在同一作曲家的不同体裁的作品中比较，这样才有意义。比如这样一个论题：“二胡独奏曲《二泉映月》的几个不同演奏版本研究”。这个论题是一个典型的表演研究的论题，对《二泉映月》的几个“不同演奏版本”进行比较，其内在的逻辑是同一作品的不同演绎版本，存在哪些相同的特征，又有哪些明显的差异，为什么会产生这样的差异，可能反映出这个作品的传承问题和表演风格问题，这是一个“有意义的问题”。该研究可以选用同一表演者的，也可以选用不同的表演者的，同时也可以考虑不同年代的，如果从不同时期上考虑选择不同的版本，则同时具有演进式的写作特点。

由此可见，论文的篇章结构安排是根据论题而定的，灵活而多样，但一定要多思考内在的结构逻辑关系，切忌照搬照抄。试看下列三个论文结构[①]：

**莫扎特歌剧《魔笛》中女高音咏叹调的艺术风格与演唱技巧**

一、莫扎特的《魔笛》介绍

二、歌词分析

三、旋律分析

四、和声分析

五、演唱风格

---

① 高拂晓：《音乐表演论文写作问题与对策——四个案例的剖析和解读》，《中国音乐》，2016年第4期。

### 柏辽兹声乐套曲《夏夜》的艺术风格与演唱技巧

一、柏辽兹的《夏夜》介绍

二、歌词分析

三、旋律分析

四、和声分析

五、演唱风格

### 沃恩·威廉姆斯声乐套曲《旅行之歌》的艺术风格与演唱技巧

一、威廉姆斯的《旅行之歌》介绍

二、歌词分析

三、旋律分析

四、和声分析

五、演唱风格

这些例子列出了三篇论文的选题和构思。从中看到,选题不错,有明确的值得研究的内容,但结构安排如出一辙,这一具有共性的写作方式在一组论文中反映出来,是有一定代表性的。当研究者被告知可以从歌词、旋律、和声等方面入手分析的时候,他们就把它当作所有作品都应该遵循的思路,而不去思考不同的作曲家、不同的作品的特殊性。针对任何一位作曲家任何一首作品都采用一种套路,从歌词到旋律、和声等分析模式,实际上是研究者对表演问题思考不足,缺乏观点和见解的表现。有的作品在阐释上可能更要关注结构,而有的作品中节奏把握是难点,有的作品则更多地要把和声作为重点。不同的作品所需要特别注意和关注的要点是不同的。虽然,每一首作品在实际演唱的过程中,旋律、节奏、和声等这些方面都是需要注意的,但是作为论文来讲,应该把最值得研究和最有特色的分析作为核心来写，才能主题鲜明、重点突出，有针对性。

为了避免这种情况，研究者应该在实践中对自己体会最深的或者对遇到的最难演唱的地方进行总结。思考是因为和声的频繁变化造成的难度，还是因为歌词的原因造成的演唱问题。比如，相对于柏辽兹来说，莫扎特的歌剧演唱在和声上相对容易，但在剧情中的性格塑造和重唱中的演唱技巧方面则是难点；柏辽兹的旋律与莫扎特的旋律在句法上是完全不同的；威廉姆斯的作品在调性变化中的音准和情绪把握是需要特别注意的；等等。这三位作曲家跨越了三个不同的时期，虽然都是声乐作品，但风格完全不同，演唱细节的重点和难点也不尽相同。这些是需要研究者去思考、琢磨和总结的。这样，才能有感而发、有的放矢，有针对性地对不同的作品风格进行有特色的分析，而不是千篇一律。

这组举例不仅反映了作者对所研究的对象体验不够、思考不够、研究不够，而且反映出写作训练中最让人担忧的另一种固定思维模式（前面所讨论的从生平到曲式分析也是一种固定思维模式）。这种固定思维模式是指对所要论述的问题没有重点，而是按照固定的旋律、节奏、和声这几个方面进行写作，以致论文之间的差异仅在于作品的不同，换个作品则是一篇新的论文。这类模式容易导致“习作式”的写作思维，缺乏针对性的研究，缺乏富有创新意识的观点。当然，任何研究在开始的时候都有一定的固定思路和研究套路，这自不必讳言，研究有它必经的阶段和过程，比如对资料的搜集、查找和整理；分析过程中对作品各个方面的把握。但是，当写成一篇表演论文的时候，所有这些模式化的工作都是基础性的工作。写作者一定要清楚研究对象的特殊性是什么，研究价值是什么，研究的是什么问题，问题的核心要点是什么，所要达到的研究目的是什么，等等。只有完全想清楚了这些问题，才可能构建属于每一篇论文自身特有的结构，形成研究者自己的见解和观点。当然，这就要求从事表演的研究者在深刻的艺术体验基础上具有理论概括和总结提炼的能力。

## 第二节　段落结构策略

论文写作中，不能一段到底，而要分段论述，因为每个段落都是一个相对独立的单位，称为“自然段”，“自然段”实际上是分论点的论述和论证过程。篇章有篇章的逻辑，段落也有段落的逻辑，但基本逻辑是论点、论据和论证清晰。段落和篇章的关系是一个等级结构关系，是大结构中的小结构。换句话说，如果文章的标题是一个大的论点，那么文章中每一个次级标题就是论据（也可以说是分论点），每个段落就是对论据的论证。段落是在分论点之下的结构单位，通常要对分论点进行论证。段落结构中的内容主要包括观点、理由和证明（从一个次级结构来看，也相当于是小的论点、论据和论证结构）。用下图可以展示这种等级结构关系（图3-1）。图3-1的结构不仅可以单独作为一个完整的结构，而且可以复制再组合成一个更大的结构。

**图3-1　论文整体结构图示**

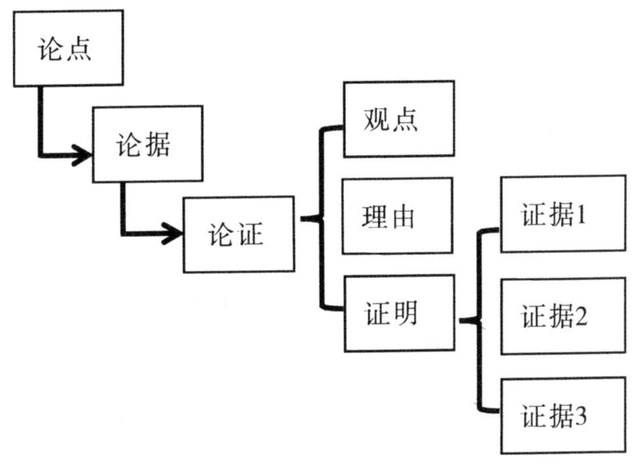


（图3-1）

段落的写作要有主题句，主题句通常在一个段落的开始，主题句陈述出一个观点，接着要摆出几个理由支持这个观点，然后对所提供的理由进行证明。以“肖邦夜曲的抒情性分析与演奏”为例，比如在分析“旋律特征”的部分，可以提出主题句“肖邦夜曲的旋律特征体现了抒情性”。为什么旋律特征体现了抒情性呢？于是要设想几个理由，比如旋律进行方式委婉而曲折，或者用音程关系来表示，体现出抒情的特点；旋律具有装饰性，这种装饰性不同于巴洛克时期或古典时期的装饰音，而是把装饰音变成旋律，镶嵌在旋律之中，成为旋律；旋律材料倾向于一致性的风格，或者来自波兰民歌，富有歌唱感，不强调戏剧性的对比，使夜曲整体给人抒情的印象；华彩的乐段的使用也增添了抒情性。这里从理论上摆出了四个理由，之后就需要对每一个提到的理由进行证明。那么用什么进行证明呢？证明的材料有很多，比如名人名言就是一个文献上的证明材料，如果肖邦在自己的日记中或与朋友的书信中讲道，他的夜曲提取了某首波兰民族的旋律，把民歌的抒情性旋律写到器乐作品中，那么无疑这就是一个最好的证明（证据1）；肖邦的好友伟大的钢琴家李斯特也说肖邦的夜曲用了民歌旋律，那么这也是一个很好的证明（证据2）；通过分析谱例，找到夜曲与民歌旋律的直接或间接的关系，也能很好地证明民歌旋律对夜曲抒情性的影响（证据3）；等等。最后可以对旋律部分的论述进行小结。

如果规模较小的论文写作，可以用一个段落来完成，如果规模较大、例证较多，则每个理由都可以分别用一个自然段来写，这样，就会形成大结构中的次级结构，即等级结构的“嵌套”。比如上述例子中，在进一步细分的结构中，专门论述“装饰音的特征”，甚至可以把装饰音分成好几种类型来写，进一步形成观点、理由和证明，实际上也是分论点、论据和论证。在段落的写作策略上，建议按“主题句……第一，……第二，……第三，……小结……”这样的总体方式来进行，会让段落读起来更清晰（图3

-2)。“主题句”陈述观点,也是一个段落的中心思想句,每一个段落的论述都一定要围绕“主题句”来展开,“主题句”控制着整个段落的结构。在某些阐释性的或推理性的论证段落中,主题句也有可能出现在最后,代替“小结”,即通过论证过程小心谨慎地提出自己的观点。分点论述(第一,第二,第三……)是应该提倡的一种写作方式,它不仅可以位于段落内部,也可以在段落之间,还可以采用“首先,其次,再次……”的表述方式。这种方式在写作中是句子与句子之间,或者段落与段落之间连接的标志,本身就展现了一种逻辑关系,可能是并列的,也可能是递进的。这种表述在段落结构中也称为“引导语”。引导语具有很强烈的标识性,是学术论文中常用的手段。虽然有的论文不用引导语也能从逻辑上组织起来,但从读者的角度,阅读总是一种信息识别和提取的过程,与其让读者辛苦地寻找论文的观点和论述逻辑,不如直接清晰地把它反映出来,使阅读者更迅速地抓住文章的中心思想。

**图 3-2　论文段落结构图示之一**

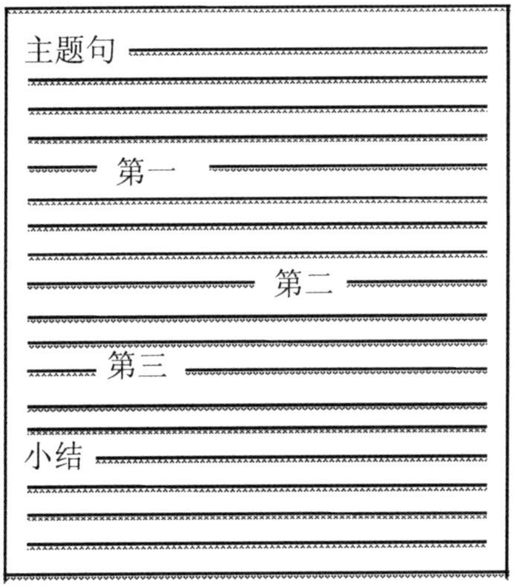

主题句

第一

第二

第三

小结

(图 3-2)

特别重要的是，每个段落的写作都一定要紧紧围绕段落主题来写，不能跑题。通常，研究者正在论述的问题并非那么简单，很多问题之间可能是相互联系着的，而绝不是孤立的，这就很容易造成在论述过程中跑偏的危险。即使我们承认每个段落中论述的主题可能和别的问题有着千丝万缕的密切联系，但是作为"分论点"的论述，必须要"聚焦"，而不能"散"。还是以上述例子来看，比如在"旋律特征"的论述中，研究者要紧紧围绕"旋律特征"如何表现出"抒情性"这个主题来写，但是旋律的抒情性又往往和节奏、和声等其他要素密不可分，于是，就容易一会儿讲旋律，一会儿讲节奏，一会儿讲和声，等到论述"节奏特征"的时候，又再讲旋律，再讲节奏，再讲和声，也就是说每个部分什么都在讲，没有主次，就会让读者感觉思维混乱，缺乏统一性和连贯性。即使旋律、节奏、和声这几个因素相互联系，但在分段论述中仍然要围绕一个因素深入下去，突出重点，其他因素虽然产生影响，但是不能把注意力转移到其他因素上去，否则就会越跑越偏。如果认为几种因素之间存在的相互联系很重要，可以单独再用一段论述这几个因素之间的相互关系。

在段落中为了凝聚一个主题，使其围绕一个核心来论述，要特别注意语句衔接与信息流动的关系。因为读者每读一个句子，都在获取一个信息，得到一个意义。句子的"主谓宾"结构是意义表达的核心结构，为了使句子与句子之间意义转换流畅，就不能频繁切换主语。比如这样的论述："旋律的二度关系产生了抑郁的情绪，附点节奏具有动态感，情绪变化带来了音乐风格的变化，速度的缓慢进行也带来抒情性的感受。"这段论述频繁改变主语，主题不断切换，显得思路不清。为了避免这种情况，要让每一句都紧紧抓住前一句的主语或核心词来衔接。比如"旋律的二度关系产生了抑郁的情绪，特别是下行小二度的连续进行更增添了这种抑郁的色彩，下行小二度不仅运用在旋律声部，还运用在和声的低音线条中，节奏因素有时也会对这种二度关系产生影响，比如当附点节奏加入这种下行二度进行的时候……”这个段落与前面的那个段落就很不一样了，因为紧紧抓住了旋律的“二度关系”这个关键的主语核心，并围绕这个核心来论述，虽然也讲到了节奏、和声等其他因素，但是并未偏离主题，是以这个核心为“圆心”的。由此可见，为了使信息流动能够更顺畅，可以尽量保持主语的一致性。同时，采用一些重复表达或指代关系词来连接，也是一种有效的方法。比如重复“旋律的二度关系”“二度进行”“这样的二度音程”等表达。运用主语重复还可以围绕主题核心词的近义词或同义语来叙述，比如用“音程关系”“音与音的距离”“音的级进或跳进”等表述来替代“旋律”这个概念。

不仅段落内部要注意围绕核心，段落与段落之间也要注意围绕核心。因为结构是“嵌套”的原理，所以不仅段落本身的逻辑要清楚，而且段与段之间的逻辑也要清楚，这样整个篇章的逻辑才能清楚。结合《语法与修辞》一章中讲过的句法，在段与段的结构连接上可以用各种复句来处理。比如用“不仅……而且……”来引出段落主题句：“不仅旋律的诸多特征体现了抒情性，而且节奏的很多方面也体现了抒情性。”再如用“虽然……但是……”的转折句引出主题句：“虽然旋律装饰音在很多作曲家的作品中都有采用，但是肖邦旋律的装饰音用法独具特色，从几个方面体现了抒情性的特质。”等等。采用一定的句型来引导段落主题句，同时也将不同段落之间的关系表现出来——并列、递进还是转折。在规模较大的段落结构间，段落内部的写法可能不同。比如图 3－2 表现的段落结构，如果进行扩展论述，就可能形成图 3－3 或图 3－4 的段落结构。

图 3－3　论文段落结构图示之二　　图 3－4　论文段落结构图示之三

（图 3－3）



（图 3－4）

## 第三节　其他结构写法

一篇论文除了论述的主体结构之外，还有几个重要部分值得注意，它们是前言或引言、结论或结语、摘要和关键词。这几个部分对于论文的整体而言都非常重要，在写作上有一些需要注意的地方。

有一句俗语说“万事开头难”，论文写作也如此。虽然研究者写作之前已经初步拟定了写作提纲，对于论文的整体规划已心中有数，但是真正落笔写作时仍然会难以开头。另有一句俗语说“好的开始是成功的一半”，也意味着论文开始部分的写作具有重要意义。开始部分通常是引言或前言。在第一章讲综述的意义的时候，我们曾经提道，综述是任何学术研究的起点，选题之后，研究者必须对所选的研究主题进行资料搜索，了解研究现状，在此基础上才能定位自己的研究意义。在学位论文的写作中，综述常常要用一个专门的部分来写作。但是在一般论文中，综述有不同的处理。对于一般常识性的问题，可以直接进入论题；面对专业读者的研究性论文，综述常常演变成学术背景的交代，处理比较简略，对于关键的核心问题，还可以通过概念解释、引用、注释或说明等方式来体现。在论文中，不论是否有标记为“前言”或“引言”的字样（有时常常不用“前言”或“引言”的字样），第一段内容都具有引导进入论题的意义，我们暂且按引言来讲解。

首先，引言部分可以简要陈述选题的意义。由于我们是针对某一个主题，特别是某一个“有意义的问题”展开讨论，因此一开始就要“开门见山”，直接提出这个问题。提出问题的方式应该以大家知道的常识为起点，逐渐走向研究者要探究的内容。比如以“肖邦夜曲的抒情性分析与演奏”这个论文题目为例，开始的引言可以如下面这个段落：

“众所周知，抒情性这个词常常被我们用来描述某一种音乐风格，抒情性的音乐常常给人旋律优美、节奏舒缓的印象，是大家比较青睐的音乐风格之一。肖邦在钢琴这件乐器上所创作的一系列充满诗意的夜曲，就是抒情性这种风格的典型代表。肖邦夜曲的抒情性具有独特的艺术魅力，它既不同于巴洛克时期的抒情风格，又不同于古典时期的抒情曲，而是浪漫主义风格的代表。那么，肖邦夜曲的抒情性从哪些方面体现出来？又有什么独有的特征？表演者应该如何演奏，才能把这种风格更好地体现出来呢？本文将从旋律、节奏、和声几个方面的音乐特征分析中阐述肖邦夜曲的抒情性，并对几种抒情性的演奏技巧进行论述。”

这段引言从“抒情性”这个论题中的关键词入手进入论题，但并没有先陈述研究者的主张和观点，而是用读者可能比较熟悉的对“抒情性”这个问题的认识来引入，首先产生一种“读者共鸣”，承认有“抒情性”这样一种普遍的风格的存在。接着，读者想知道抒情性体现在什么作品中，作者进一步指出，肖邦的夜曲是抒情性的代表，把注意力集中到“肖邦夜曲”上。再进一步,作者指出肖邦夜曲的抒情性是有独特艺术魅力的,不同于巴洛克或古典时期,这可能是读者不太熟悉的,于是引起“读者兴趣”。读者自然要进一步追问,是怎样的艺术魅力如此独特？然后,作者采用设问的方式,指出将从旋律、节奏等方面进行分析,来解答读者的疑问(对于研究者来说,也是解答自己的疑问),读者阅读时的信息提取、思考过程和作者的引导写作基本同步。从读者认知的角度,这个引言很好地遵循了信息传递从“熟悉”到“陌生”,再到“专业”(熟悉—陌生—专业)这样的认知规律,层层递进式地提出了问题,并表达了如何去解答所提出问题的思路。这个交流过程是一个顺畅的过程,在表述的逻辑顺序上是不可以颠倒的。

其次,任何观点和主张在研究开始都是假设,需要分析论证,引言部分对问题的引入不能武断,要尽可能避免绝对判断。比如,要很谨慎地使用“完全”“唯一”“最”之类的表达,为了使观点相对客观化,不能把话说得太满,否则也容易让读者产生质疑,甚至导致读者产生抵制情绪。读者是否愿意相信论文作者的假设,是否有兴趣阅读论文内容,很重要的一方面就是要看研究者是否有能力客观有效地引导读者按自己的逻辑去思考,能否清除信息交流的阻碍因素,而产生作者与读者的“共识过程”。当然,这里仅仅是针对较普遍情况而言,由于读者的知识结构不同,共识基础也不同,对论题比较熟悉的读者更需要作者的独特见解、深入分析和专业分析。因此,对于研究者来讲,一方面要知道自己的论文写作面对的是怎样的读者,另一方面也要不断地在熟悉的信息和研究的专业信息上兼顾平衡。进入篇章结构的论述之后,论证过程是否能够突破一般常识性认识的分析,提出个人见解是研究者要仔细思考的。但问题在于,研究者如果没有在一开始就设想到自己的研究特色或可能存在的局限,那么在写作过程中也不可能解决好常识性与独特性的关系。也就是说,引言如何表述,实际上是研究者在对全局(如写作提纲)进行深思熟虑的基础上写出来的。

当然，论文的引言还有很多引入方式。对于相对复杂的论题，作者可能采用更长的篇幅和更多的文字叙述研究课题的产生和研究意义，甚至会对研究方法进行必要的说明，特别是当研究者认为，读者可能会对自己的研究问题产生歧义或质疑的时候，更要在开篇的引言中加以说明，阐述研究的步骤。上述论题的举例，引言比较简略，没有交代学术背景，没有综述性质的内容，但我们还记得文章正文第一部分要对“抒情性”的定义进行阐述，并有“1. 抒情性的概念产生；2. 声乐中的抒情性概念；3. 器乐中的抒情性概念”这样的提纲，因此，对于这篇论文而言，实际上与“综述”相关的部分可能放到了对“抒情性”这个概念的阐述中。在抒情性的定义这个部分，研究者应该要对“抒情性”这个问题的研究现状有所涉及，实现综述的功能。那么是否可以把这个部分作为前言来写，或者单独作为综述来写呢？这个问题就更为复杂了。在学位论文写作中，综述应该有专门的论述。对一般论文而言，要看研究者对于该课题的“抒情性”这个概念如何认知，认知到什么程度，研究到什么程度。论文写作是一个思维逻辑的创造性过程，不能用一个模式框住，不能让所有论文依葫芦画瓢。因此，达到逻辑结构清晰的途径也有多种。但是作为引言来讲，要记住几个要点：“直击问题”“客观表述”“引导读者”，并有“全局意识”。

与引言部分遥相呼应的是结语或结论。任何一篇论文在分析、阐述和论证之后，都要有一个好的结尾，对于以分析阐释，而不是以实验性研究方法为主的人文社会科学的论文而言，通常采用“结语”作为总结。结语部分一般可以用“综上所述”“总之”等词来引导，也可以采用“第一，……第二，……第三，……”分点总结。结语部分主要包含三个方面的内容（如图3－5）。

**图 3－5　论文结语部分的段落结构图示**

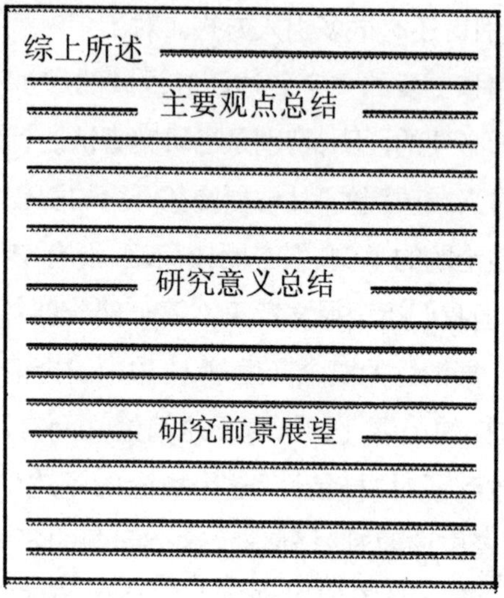

综上所述

主要观点总结

研究意义总结

研究前景展望

（图 3－5）

第一方面，对整个文章的论述进行总结，再次重申作者的主张，对主要观点进行总结强调，应综合前面各个章节或部分的内容提炼总结性的语言；第二方面，对研究的意义进行一定的总结。有的作者喜欢在文章开头，或在文章的引言中强调研究意义，以引起读者的重视和兴趣。但是这种做法比较危险，要特别小心，对缺乏经验的研究者，建议不要采用这种方式。因为在进行分析论述之前，过分强调研究价值，甚至夸大研究意义，很容易给读者造成华而不实的、太主观的印象，使读者产生抵制或反感。而为了使论文变得相对客观，引言中尽可能用前面建议的导入方式，把研究的价值和意义放到结语部分来总结。在经过文章的详细论述之后，研究者更有说服力去强调研究价值和意义。比如读者通过这篇论文可能加深了对某个问题的理解，获得了新的观察某个问题的角度，或者启发了读者更进一步的研究思路等等，都可以作为文章的价值和意义进行总结。第三方面，就是对研究做出让步性的陈述并展望研究前景。研究者要认识到，任何研究都是有限的，更何况一篇论文。论文只可能在一定程度上对论题进行论证，所用的分析材料或论证材料可能相当有限，研究者对自己的研究程度要有清晰的认识，要能客观地审视自己的研究所达到的水平，对于很多与论题相关的问题，可能还未充分论证或解决，但在一篇论文中限于主题集中或篇幅而不能展开，特别是对比较复杂的问题更是如此。所以研究者在最后应该提出该研究有待进一步深入的地方，展望研究的前景。要注意兼顾结语部分的这三个方面，不要忽视结语的重要性，不要虎头蛇尾、草草收场。好的结语能够使论文主题进一步突出。而且，对于有些研究性论文来讲，结语有可能扩展成"第二展开部"，把研究启示展开来写，留给读者更多有意义的思考。

文章结束之后是论文摘要和关键词的撰写。无论是学位论文，还是其他论文，都要求有摘要和关键词，这两个部分内容都是在文章写成之后完成的，不能先写摘要和关键词。摘要和关键词不仅为检索文献服务，方便读者能快速查找论文，而且通过呈现出论文的主要观点和关键词，读者可以迅速把握文献的内容，为阅读提供指导。因此，论文摘要和关键词必须以这个意义为指导来撰写。论文摘要应该简明扼要地陈述文章的研究思路和主要观点，不能冗长地介绍研究背景，不要赘述写作目的和意义，而要用非常概括性的语言进行观点总结。即通过阅读论文摘要，读者就要大致了解该论文的研究思路和主要观点。一般论文的摘要字数大概在300字左右，或者200~500字之间，依据论文长短灵活处理，规模较大的学位论文，摘要的字数也相对较多一些。摘要采用客观性的描述，少用人称代词作为主语，可以出现"本文""笔者"等指称词，建议不用"我"这样的代词，文章论述中也应该注意这个问题。关键词反映的是论文的核心概念，核心词，是出现频率相对较多的词，由于标题也反映着文章的核心概念和问题，所以标题中一定包含关键词，这一点从检索需要也可以反映出来。比如"肖邦夜曲的抒情性分析与演奏"这个标题，关键词必定要包含“肖邦”“夜曲”“抒情性”这几个词。关键词以3～6个为宜。

此外,学位论文还有后记或致谢部分,是文章主体结构之外的必要结构。后记的意义是对给予自己帮忙的师长或朋友进行感谢,后记中也可以对研究者写作论文的心路历程加以描述,但不宜冗长。一般论文没有后记部分,但有很多论文可能由学位论文改写而来,或者研究过程的关键环节得到某位师长的指导,或者关键的资料搜集阶段得到别人的帮助,并且这种指导对论文的写作具有重要影响,为了表达尊重和谢意,可以采用“附言”的形式加在文章“结语”之后,用一句话表达。比如,“附言:本文在写作过程中得到×××的指导和帮助,特此感谢”。如果是以学位论文为基础改写的论文,应该在“附言”中直接写出依据什么学位论文而来,并直接标注“导师:×××”。

## 第四节　理论运用问题

长期以来,有关音乐表演方面的论文均显得缺乏理论深度和高度,很多表演论文所体现出来的特征很像排练日记、教学心得、演出体会,等等。于是,很多表演论文的写作者为了提升论文的理论高度和深度,把视野伸向美学理论,期望能借助“高深”的美学理论来提升表演论文的学术含量。但这样做对于缺乏经验的研究者非常危险。美学理论对于表演问题的运用不能简单粗暴地“嫁接”或“拼贴”。一方面需要研究者有较好的理论基础,仔细阅读过理论专著,对一些基本的哲学、美学理论有基础的认识;另一方面需要研究者有一定的学术训练,懂得如何寻找理论原理与实践经验的连接点,发掘有意义的问题来研究。而且这是一项非常艰巨的有较大难度的任务。稍不注意就容易陷入“生搬硬套”的误区。比如有些论文中无端引用现象学哲学、释义学美学、情感心理学等等原理,可是仔细一读,就会发现理论和实践其实是“两张皮”,或者泛泛而谈,或者空洞无物,或者人云亦云,没有任何创造性和见解可言,也没有抓住作品的特色或演奏要点进行表现特征方面的深入分析。

对于表演论文的写作而言,要想具有理论的高度,哲学和美学的基础是第一层面的理论背景,其中艺术哲学、文艺美学、文艺心理学等理论是重点内容①,主要提供一些艺术原理,特别是认识艺术问题的方法。由于音乐艺术本身就是一门艺术哲学,所以其中有很多方面可以运用。比如艺术规律中的普遍性与特殊性、形象性与典型性、共性与个性等原理都提供了哲学思辨的逻辑方法。第二层面是音乐美学理论②,特别是自律论与他律论的关系,音乐表现性的心理规律,音乐创作、表演和欣赏中的美学问题可以作为重点加以学习和体会,这些理论对认识音乐的现象与本质、音乐的价值和功能等方面都有很大的帮助。第三层面是表演美学的主要原理③,其中音乐表演作为二度创造的价值和意义,表演中情感与理智的作用,表演心理学问题的解释等理论是应该关注的内容,这些理论为认识音乐表演规律提供了参考性的观点。这里的很多理论都是从实践经验中总结出来的,也可能运用到实践中去检验问题。要认识到诸多的辩证关系,比如美学理论的品格在于现象形态的背后总是反映着观念,美学观念必然会体现在形态上;形态必然会受到观念的影响,形态是观念的表现形式;观念是形态背后的原因;等等。然而,面对这么多理论,研究者真正在表演论文写作时,仍然可能茫然不知所措。因为理论的运用问题相

---

① 〔德〕康德:《判断力批判》,杨祖陶、邓晓芒译,北京:人民出版社,2002 年;〔德〕黑格尔:《美学》(第一卷),朱光潜译,北京:商务印书馆,1995 年;〔德〕谢林:《艺术哲学》,魏庆征译,北京:中国社会出版社,1997 年;朱光潜:《文艺心理学》,上海:复旦大学出版社,2011 年;滕守尧:《审美心理描述》,成都:四川人民出版社,1998 年;等等。

② 于润洋:《现代西方音乐哲学导论》,长沙:湖南教育出版社,2002 年;张前、王次炤:《音乐美学基础》,北京:人民音乐出版社,1992 年;王次炤:《音乐美学基本问题》,北京:中央音乐学院出版社,2011 年;张前:《音乐美学教程》,上海:上海音乐出版社,2002 年;等等。

③ 张前:《音乐表演艺术论稿》,北京:中央民族大学出版社,2004 年;高拂晓:《音乐表演艺术论》,重庆:西南师范大学出版社,2018 年;等等。

当复杂，它是一种逻辑运用，是一种较高级的思维综合。例如下面这个写作例子①。

## 二胡演奏中的“留白”效果

第一部分：留白的概念

第二部分：1. 表达情感、渲染情绪的休止符

2. 表示间奏、划分乐句的休止符

第三部分：留白表现在对虚实相生的意境的理解

1. 运弓强弱对比造成的虚实相生

2. 按弦的虚实对比

从这个论文提纲可以看出，研究者试图借用中国书法和绘画的“留白”概念来思考二胡演奏中的意境问题，这是一个值得肯定的好的选题——有意义的问题。同时，这个选题具有一定难度，因为涉及对“留白”这个美学范畴的理解，而且是跨艺术门类的。要应对这样的选题，研究者必须对“留白”所体现的美学含义和如何在音乐中运用均有较深入的思考和研究才能完成。但从给出的提纲可以看出，首先，研究者认为，休止符是一种留白，因而对休止符进行了分类，把休止符分成了两类；其次是认为，留白体现在对虚实相生的意境的理解。但问题在于，如果我们仔细思考一下，音乐中的休止符是指没有音符，没有声音；但虚实相生中的“实”是有声音的，“虚”是音响很小，那么“休止符”和“虚实相生”的“虚”如果接近的话，那么与“实”是不是冲突的？这就会有逻辑问题，读

① 高拂晓：《音乐表演论文写作问题与对策——四个案例的剖析和解读》，《中国音乐》，2016 年第 4 期。

者则会追问研究者如何定义“留白”的概念。当把“留白”这一绘画上的美学概念运用到音乐(声音的艺术)上的时候,留白指的是什么？留白到底是指没有声音的休止符,还是指因为声音强弱变化所产生的虚实相生的效果？从作者的观点来看,是两者兼指,如果是这样的话,那么留白的概念与绘画上的概念已经很不一样了。那么,留白是否存在广义和狭义之分？如果留白既是没有,又是有且弱的声音,那么这种逻辑本身是否行得通？

由此可见,理论运用不是那么轻轻松松的事情。当把从其他艺术领域中借用的艺术表现手法或美学观念运用到音乐上的时候,首先需要把概念运用的内涵和外延界定清楚。这种思维训练是一种美学训练的结果,其中也包含内在逻辑性问题。研究者对一个概念的内涵和外延,或者对概念的界定限度需要有仔细的说明和解释,才可能运用这个概念来阐释音乐关系。就这个例子而言,留白是指在绘画作品中留下一些空白,是中国画的一种艺术处理手法。可以把音乐中的休止符比喻为绘画的留白,再对不同的休止符进行划分。虚实相生是中国美学范畴中的一种审美观念,跟留白有关系,但却是两个概念。留白的艺术处理手法造成了虚实相生的审美意境,体现了中国艺术的智慧和境界。音乐中的虚实相生很多,音量的强弱对比、织体的疏密对比,等等,不仅在中国音乐的多种乐器的特殊发音中体现这种审美,在西方音乐中有时也给人类似的体会和体验。从分析和阐释的角度来研究都是可行的。

其次,在分类的过程中,研究者的第一种分类以情感情绪表现来划分,第二种分类是以乐句划分,但是在论述乐句划分的类别时,同样涉及情感情绪表现。可见,作者的划分是双重标准。实际上并未把以休止符体现的留白分类很好地划分出来。这样举例说明的时候,会重复讲情绪表现,按照自己的体会和感受仍然没有跳出情感的分类,但给出了两个划分标准。因此,在分类问题上,要明确分类的标准,如果以结构为标准,可以划分出节拍点上的休止符、小节内的休止符、跨小节的休止符以及乐段间的休止符等等类型。不同类型的休止符可能表现出不同的情感意图，这是与情绪和情感有关的。可以在不同类型的休止符中分析情感表现的差异和程度。而情绪和情感表现是音乐表现的一个大的类属。如果要在这个类属中细分，则要对情感的具体类别进行划分，比如忧伤的情感是一类，愉快的情感是一类，焦急的情感是一类，等等。最终这篇论文的逻辑必须重新梳理才可能很好地把“留白”这个概念运用到音乐中来。可以有不同的方式重新组织，比如下列提供一种改写方案，把重点集中在“休止符”这个问题上，阐释休止符如何体现“留白”，并在演奏中应该注意什么，带有很强的表演哲学意味。

## 二胡演奏中的“留白”效果

第一部分：留白的概念

1. 绘画中的留白概念
2. 音乐中的留白概念

第二部分：作为休止符的“留白”效果

1. 小节内的休止符
2. 跨小节的休止符
3. 段落间的休止符

第三部分：演奏中的“留白”处理

1. 休止前的情绪铺垫
2. 休止中的身体语言
3. 休止后的音乐衔接

作为论文写作基础而言，笔者建议把理论运用问题转换成可供实际操作的步骤——遵循表演研究的一般思路来进行。

笔者通过借鉴目前国际上有关表演研究的方法，主要以英国研究机构带头兴起的表演研究潮流为主①，在对相当一批研究成果做出学术总结和评价的基础上②，建议在表演论文的写作中，从表演研究的思路入手，以"表演的音乐学"的方式进行。"表演的音乐学"（musicology of performance）这个概念设想是英国音乐学家约翰·林克（John Rink）教授在2014年7月17—20日剑桥大学举行的"表演研究网络第三届国际会议"（Performance Studies Network Third International Conference）开幕式发言中提出的。他认为，"表演音乐学"是继民族音乐学、新音乐学，以及作为社会语境中的文化实践的音乐研究这三个阶段之后音乐学研究中的又一新的方向。他强调了把表演问题作为音乐研究的核心问题的意义：只有不断推进表演研究，表演理论才能在观念的高度上赶上表演实践所已经取得的辉煌成就，为表演者提供更可靠和可行的参考资料。笔者认为目前"表演音乐学"还不是一个学科，但作为一种研究兴趣和研究方法，对于表演论文写作来讲是非常受用的，我们可以暂把这样一个新的称谓叫作"表演研究"。音乐本身就是表演的艺术，从表演的角度进行音乐研究，是对以往音乐学研究本身就具有的特征的一种强调，它涉及的问题可能涵盖所有音乐学领域以及相关的研究方法，它具有很强的包容性（如图3-6）。

① 高拂晓：《多元化发展中的音乐表演研究——英国第四届音乐表演研究网络国际会议综述》，载于《中央音乐学院学报》，2016年第4期。

② 高拂晓：《中外音乐表演理论研究进展及比较和评价》（上、下），载于《中央音乐学院学报》，2011年第3期和第4期。

**图 3－6　表演研究的主要内容**

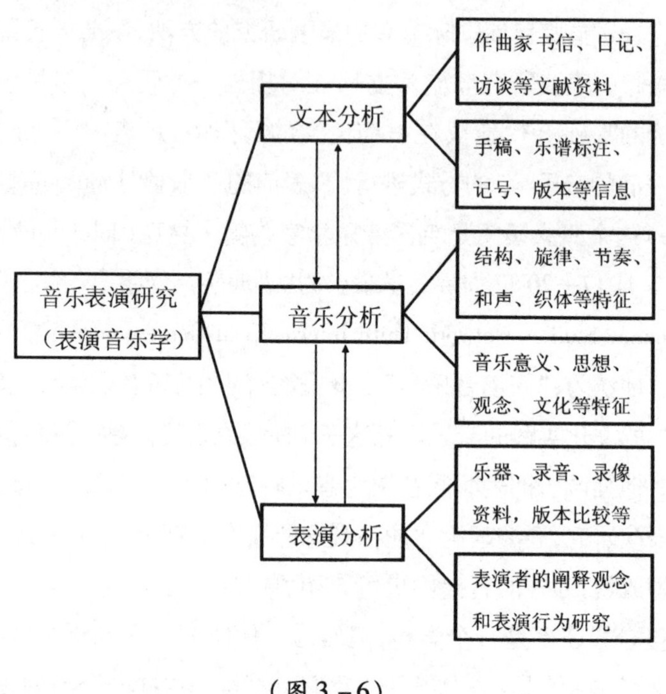


（图 3－6）

由图 3－6 可见，由文本分析、音乐分析和表演分析三个方面构成了表演研究的基本思路和方法。写作时可以从这三个方面入手展开具体论述。这三个方面在研究的过程中，可以单独、分开研究，即可以单独研究表演音响，或单独做音乐特征分析，但是实际写作中要注意遵循从乐谱到表演的解读过程，按先乐谱、再音乐、再表演的顺序整合在一起写，相互之间要建立密切的关联。

第一，这里“文本”指文字文本和乐谱文本，文字文本指与音乐有关的历史文献资料，比如作曲家的书信、日记等内容，这是很有说服力的原始资料，通过研究这些资料，了解作曲家创作时的想法。注意，现代意义上的文本资料也包括作曲家的采访记录。乐谱文本主要是确定与作曲家创作意图和音乐表现有关的乐谱标记；乐谱版本研究也涉及对作曲家创作意图的研究，乐谱文本的研究还可能返回文字文本的研究。针对没有乐谱的各民族民间音乐，乐谱研究可能从录音记谱开始，从音乐形态分析进入文化分析。

第二，表演研究中所谓的音乐分析不仅包括宏观的结构分析，更要对音乐句法规则和规律进行微观分析，从音乐的形态中揭示表现特征。不论是旋律、节奏，还是和声分析，都应立足于表演阐释中如何实现音乐的情感表达，如何达到有表现力的音乐诠释，如何贴合作品的"真实性"风格等问题来考虑。比如表演中如何把不同层次的声部关系表达清楚，突出音乐的层次感和立体感，传达不一样的形象和意义。同时，在表演论文的分析中，要针对不同的作品进行有效的特征挖掘，有针对性地解决不同音乐作品中的重点难点，重视特色分析。音乐特征分析中注意联系音乐形态与音乐意义、审美观念和文化观念的传达，解释音乐表现的实质。

第三，对表演本身的分析不仅可以从乐器的角度，从音响数据，包括音频和视频资料的比较分析入手，也可以从表演环境，表演者的心理状态，表演者的身份、社会关系、美学追求以及表演风格等方面进行研究。用思辨、文献比较和归纳总结等方法把理论阐述与实践问题结合起来。还可以拓宽思路，运用不同学科的理论观点阐释不同的表演现象，甚至可能会涉及跨学科的研究方法的运用（本书第六章《例文学习》部分将详细举例）。

总之，"表演音乐学"的研究思路是开放式的，它不仅涉及对音乐形态作形式分析，还涉及对形式背后的观念和文化特征的分析；它注重从实践中提炼问题和观点，以问题导向理论，去形成研究思路和要点。从一个小问题去挖掘与此相关的其他问题或方面。表演研究应该关注技法的运用和艺术特色的处理，特别是一种技法的历史演变，从风格诠释的角度去解析技法和艺术表现问题。

# 第四章　例证与技巧

在论文写作过程中，论据和论证的构成有很多方式，针对表演专业的论文，一定不能缺少谱例作为例证，有时也需要相应的图表和分析图示的展现，还可以加入音响的分析。更重要的是，分析与表演之间的逻辑关系必须紧密。简而言之，表演论文的例证部分不是随意而为，而是有目的、有计划、有步骤地使用，为整个论文的核心论点服务的。本章将对其中涉及的重要问题进行一些提示性的论述。

## 第一节　谱例和图表选择

运用谱例是论文写作中一项不可缺少的内容。对于表演论文写作来说，如何选择合适的谱例进行准确的分析说明是有所考究的。研究者可以利用的谱例看似很多，但是对于已经确定的论题、已经布局的论文结构，谱例的运用到底处于一种什么样的地位，如何选择，不仅要考虑贴合论文的主题，还要考虑实际操作困难和文章的规模。

第一，注意谱例的典型性。谱例的选择要准确阐释论题中提出的观点。比如，要证明“旋律的抒情性”这一点，就要选择最具有抒情性特征的旋律作为例子来分析。研究者要思考自己所定义的旋律的抒情性表现在哪些方面，是较长的跨小节的持续音，还是旋律级进构成的某种模式，等等。根据自己所定义的旋律抒情性特征分析最有代表性的谱例。有经验的读者，或对该论题比较熟悉的读者，特别是对研究者所列举的谱例很熟悉的读者，在阅读论文过程中，经常会发现研究者所列举的谱例并不是最典型的，明显存在更符合或更准确的谱例。这一方面说明，研究者对谱例和论题的关系思考得还不够；另一方面也说明，研究者对作品（谱例一般总是作品的很小一个片段）的分析还不够深入，对自己所阐释的问题，没有找到最合适的谱例来证明。当然，有时候可以说明某个特征的谱例可能很多，或者可以说明某一个观点的谱例并不是唯一的，研究者需要很好地进行取舍，但这一定是建立在对作品的整体进行过仔细分析基础上的。这里说的作品整体，是指研究者选择的研究对象——整部作品或某个乐章。也有一些情况，研究者从不同的作品中挑选谱例片段作为例证分析，这时更要注意所选择的谱例的共同特征和差异是什么，以决定是归属于同一类别，还是进行比较研究。

第二，注意谱例的分类原则。分类的思想是写作中比较常见的思维，从写作之前对论题的思考开始，研究者就已经在分类了。论文的结构布局、分论点的拟定，更是分类的结果，按什么原则进行分类，是研究者逻辑与理性的反映。从根源上说，人类认知和理解宇宙万物，都是用一种分类的意识在认识，人类会不自觉地将认知到的事物进行分类，当然这是一个学习的过程。对于常常以作品为线索的表演论文写作来说，谱例的分类自然与文章的结构是同步的。文章结构的分类原则决定谱例的分类原则，同时，谱例的分类考量也会影响文章结构的安排。谱例的分类原则要尽量突破顺序性的写作（比如第一乐章、第二乐章、第三乐章……），而采用"特征提取"。这里我们主张区别研究过程和写作过程两个不同的概念，虽然写作过程伴随研究过程而进行，但写作过程比研究过程更高一层面。比如研究者在研究过程中，对乐谱的分析是从乐谱第一个音开始，遵循音乐发展的顺序原则来进行的，但在写作过程中则不一定要从第一个音开始遵循顺序原则。也就是说，写作可能对研究过程进行思维和逻辑整理，而产生一个新的结构——写作结构。我们在前一章节的结构举例中所展现的假设结构就是一个"写作结构"，是构成论文论点和分论点的一个展开方式。而我们选择谱例的时候实际是遵循这个“写作结构”来进行的,所以写作时对谱例的挑选就不是按照顺序结构原则。换句话说,我们论述什么样的特征就挑选什么样的谱例,这个谱例可能在作品中间部分,也可能在作品结尾部分,需要我们对研究对象(音乐作品)非常熟悉,从而可以轻松地提取特征段落进行描述和分析。

第三,注意谱例的适度性原则。适度性原则是指,一篇论文到底选择多少谱例合适,选择多长的谱例合适。这也常常是一些缺乏经验的研究者把握不好的方面。谱例数量主要由分析目的和阐释目标决定,同时与文章的篇幅有关。篇幅较长的论文,谱例相对会更多。一篇 5000 字的表演论文,如果只有 1 ~ 2 个谱例分析,显然太不够了;一篇 10000 字左右的表演论文,谱例应该在 8 ~ 10 个。当然这并非绝对的数量要求,只是说明文章的篇幅和谱例的比例不能过分悬殊。同时,谱例的长短处理也是灵活的,关键是看阐释目的。一般不适合放上整个作品,或者很长的作品段落作为谱例,除非很短小的作品(比如舒曼的《梦幻曲》,只有一页),为了看到全貌可采用完整的作品谱例。谱例一般都以两至五行的篇幅为宜,但是很多时候,几个小节的谱例,或只有一行的谱例也是很好的谱例。谱例的选择要兼顾章节平衡,比如在分析三个特征的论文结构中,每个特征中所选择的谱例数量要基本一致。有的论文在一个特征中用了好几个谱例,而在某个特征中则又没有谱例,这种情况都显得不合时宜,不符合基本的分析方法和论证原则。即便某个特征特别重要,可以多用谱例,也要照顾其他特征的谱例安排。如果没有谱例,则可能被认为是不重要的特征。如果确实并不重要,则要考虑重新安排结构了。这也体现文章结构对谱例数量选择的平衡要求。有时在谱例分析中可能发现了原先结构中所没有的内容,或是原先拟定的结构特征,在谱例中并没有明显的体现,则可以返回论文结构框架,去增补、删减或调整结构。这说明谱例的选择也会影响结构的安排。

第四，注意谱例的版本选择。根据研究的目标决定谱例的版本。当然，要尽可能选择一个好的谱例版本。所谓好的谱例版本，是指接近原版的乐谱版本，或较权威的出版社出版的乐谱版本，这类版本的差错率相对较低。就乐谱版本而言，有作曲家直接创作出来的手稿（或打印稿），也有经由音乐专家学者研究、考证后，编辑出版发行的正式乐谱。通常，作曲家的手稿比较少见，特别是西方艺术音乐中所保存的那些浩瀚的曲目，其传播和使用的情况较少，而更为常见的一般是正式出版的乐谱。虽然手稿是最符合作曲家原意的版本，但并非所有的研究都一定要用手稿，应根据研究的问题来决定。有的研究需要用到手稿，来阐释手稿与乐谱出版中出现的问题可能对演奏产生的影响；而有的研究只是分析一般音乐特征，则可以选择一个相对较可靠的版本。在出版的乐谱中，主要有两大类，一类是接近原版的乐谱，另一类是实用版乐谱。接近原版的乐谱是指由专门研究作曲家手稿的音乐专家学者或艺术家从资料和音乐两个方面对手稿进行考证，对作曲家留下来的手稿片段、修改稿、抄稿，以及书信、文章等相关文字记录资料，以及其他出版的乐谱版本进行比较、鉴别、校正，从而确定下来的乐谱版本。这种乐谱版本也称为“评论版”或“学问版”。实用版乐谱是指在接近原版乐谱的基础上补充若干标记（如速度、力度、表情）和演奏方法的版本，也称为“演绎版”。因此，在分析表演的论文中，如果要涉及演奏中对一些标记的理解或解读，则要特别注意这类实用版乐谱标记的编订者是谁，在乐谱开始部分是否有对乐谱编订工作的说明文字或对乐谱标记的介绍等内容。从这些内容中，甚至可以发掘研究问题的一些有趣的角度和方面。

第五，要注意谱例处理的一些技术性细节问题。首先要注意谱例的准确标记。谱例一般都是以图片的格式插入文字中，因此要在相应文字论述的准确位置插入谱例，并对谱例进行精确编号，如“见谱例 1”。最好采用数字编号，而不要用“见下面的谱例”这类笼统表述。因为，论文写作过程中，很可能会由于之后发现更好的谱例，或由于其他原因需要对文章中谱例的前后顺序进行调整，采用对应准确、编号精确的谱例可以很有效地防止修改过程中产生谱例混乱。在一些学位论文或是期刊投稿论文中，审阅者经常发现很多谱例放错的情况，不仅是因为作者粗心，还因为最开始没有对谱例进行精确编号，导致调整文章的时候出现差错。其次，要注意谱例的完整与清晰。一个谱例的信息要完整，大多数情况下需要有谱号、调号。谱例可以采用截图，也可以用软件制作。截图的谱例要注意印刷质量和截图时的图片分辨率，要保证谱例的细节清晰可见。从一个乐段中间截图的谱例最需要注意调号和谱号的问题，由于截图不容易处理，所以更容易遗漏这一重要信息。制作谱例要清晰，不管取自作品的哪个部位、哪个小节，都可以制作谱号和调号，使谱例信息完整。此外，还要注意总谱的处理。一般论文没有多的篇幅插入总谱，除了局部论述中为了说明声部层次关系或配器法不得不采用总谱片段之外，很多情况下可能会将总谱改写成钢琴谱，这就会更多地用到制作谱例。

图表（包括图示等）是论文在统计数据、描绘结构、解释关系、分析比较时经常会用到的。在论文中运用图表能达到比文字更形象、更直观、更一目了然的效果。因此，建议研究者在可能的情况下，采用图表作为例证。图表有很多类型，比如柱状图、饼状图、线状图、环形图、表格图、函数图，以及各种关系图示等。表演论文写作中并非所有类型的图表都能用到，可以根据实际需要合理采用各种图表。图表的采用要注意的是，每个图表都要有名称，即用一句话说明是什么图表，图表也要编号标记；更重要的是，要根据需要对图表进行说明，不要只是呈现图表，而没有文字说明。虽然图表比文字能更有效地展现某些数据关系，但有的图表如果没有文字解释，读者不容易理解，研究者要根据图表的难易程度和文章的论述需要，对图表进行适当解读。有的解释说明多一些，有的可以少一些。比如本书第三章第四节的图 **3 - 6** 就是一个图示，展现了表演研究涉及的内容,并用了几段文字进行解读和说明。如果只是通过文字说明,读者也可以理解,但是用图示呈现出来之后再加以说明,就显得更清楚,并可以加深读者对表演研究所包含的“内容”的认识。再比如下面这个图表(图4－1)①,用简单的柱状图对300篇论文进行了研究角度的统计,类似这种涉及统计数据的内容,几乎都要用图表来表现,如果只是用文字罗列,读起来效果会差很多。由于统计内容较为简单,因此用图表呈现很容易理解,所以文字介绍就省略了。

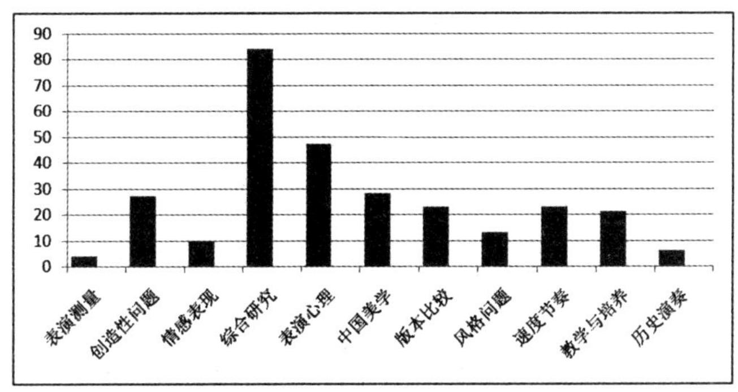


(图4－1)

## 第二节　分析与表演的关系②

表演论文的写作离不开音乐分析。这里的音乐分析指对作品的分析。作品分析是通过对作品的结构、技法、构思、表现等各种因素的详细

---

① 高拂晓:《中外音乐表演理论研究进展及比较与评价》(下),《中央音乐学院学报》,2011年第4期。在该文中,此图表没有名称,只有“图表7”的标示;对横坐标和纵坐标没有标注说明;对所统计的300篇文章提到“近30年来”,按论文发表日期可大致推算,但应该更明确年份。该图表非常简略,基本能够理解,但从规范角度来说还应更完善。

② 高拂晓:《音乐表演论文写作问题与对策——四个案例的剖析和解读》,《中国音乐》,2016年第4期。

剖析,展现其作品的独特价值和意义,为创作提供一定的借鉴,为欣赏提供一定的指导,为表演提供一定的依据。表演论文的分析与纯作品分析不同,虽然不排除作曲技法与表演上的联系,但表演论文中的分析应该以表演为导向,而不是以创作(作曲技法)为目的。不管是哪种分析,都应尽量避免两种倾向:一是“为分析而分析”,二是“从头到尾分析”。首先,对“为分析而分析”不能全盘否定。毫无疑问,音乐分析是从很技术性的工作开始的,应该从作曲技法上,特别是音乐组织结构和发展逻辑上对作品进行详细的研究,大多数经过专业音乐训练的研究者都能掌握较好的分析方法,比较清楚地展现作品的创作特色。然而,分析完了之后呢?很多人止步于此。不知道为什么要分析,没有思考过分析的目的,或者说对分析的意义认识不足,基本上没有结论或者没有什么有价值的总结和提炼,来阐述如此分析的意义。如此,只能算精美的分析作业,而不是有价值的学术论文。其次,分析也需要归纳总结。由于缺乏对所分析作品的特色的总结和提炼,因此常规方式的分析一般都是从作品的开始分析到结束,这使得分析常常死气沉沉。而好的分析应该更多地从几个重要的创作特色或者以某个突出的特征及其表现方式入手进行归纳和总结。试看下面这样一个例子。

## 论莫扎特《A 大调单簧管协奏曲》的演奏

第一部分:作曲家生平介绍

第二部分:第一乐章曲式分析

第二乐章曲式分析

第三乐章曲式分析

第三部分:作品演奏分析和个人感想

这个案例代表了一类典型的表演论文写作方式:从作曲家生平谈起,然后进行曲式分析,再在演奏上谈一些个人感受。这是许多表演专业学生写作时的固定模式,表面上看似乎很清楚,但其中的问题非常突出,我们这里从表演论文写作的意义入手略作分析提示。这个论文框架结构反映的问题是,首先,作曲家生平与作品表现和表演阐释无关联。作曲家生平似乎成为表演研究的必经之路。的确,个人成长经历和背景对作曲家的创作会产生一定影响,特别是在形成作曲家的性格、思想、审美观念等方面。但是,研究者应该明确,生平与作品的关系是什么,作曲家的哪些经历对创作的哪些思想产生了影响,在作品上有什么反映,而不是孤立地把生平作为资料堆放在第一部分。这类写作问题一般都体现为把作曲家生平简介作为一个独立部分孤立地放在最前面,缺乏与所要研究的内容的有效关联,因此,生平在研究中无有效性。研究者应该把作曲家的生平研究作为走进作曲家内心世界的一个通道,去窥见作曲家思想观念的变化和审美理想在作品中的实现,从形态中分析观念的体现方式,追求艺术表达的内容与形式的融合。比如,在对贝多芬生平的研究中,贝多芬晚期的一些书信和言语,反映了他把希望寄托于上帝,祈求上帝帮助的宗教情怀。贝多芬曾经对自己的遭遇这样感慨道:“神啊,你是我的避难所、我的依靠、我的一切!”在贝多芬晚期作品中,这种情怀是有一定的体现的,且不说大段的赋格段落打破传统奏鸣曲式结构原则,大范围的调性张力($^b$B 大调与 B 大调)和反常的极端表情,仅从音乐材料上就体现出贝多芬的情感状态。如《贝多芬钢琴奏鸣曲 Op. 106》第三乐章前 16 个小节,他用音高材料和织体的变化来反映宗教(第 14 ~ 15 小节)与世俗力量(第 1 ~ 13 小节)的冲突与调和,在高音区呈现了一个与上帝对话的主题,而在低音区沉吟着世俗的无奈。不论是奏鸣曲 Op. 106 反常的形式结构特征,还是音乐语言的组织方式中,都蕴含了贝多芬解决矛盾内心的一种宗教方式。作品中(谱例 4 - 1)慢速的“三度下行”的和弦进行是“悲痛”的主要形式(从第 2 小节开始);旋律的迂回进行与属和声的波动状态是抗争和挣扎着努力的一种积极表现(第 8 ~ 12 小节);小调向大调,从密集和弦到稀薄织体,加上音区从低到高的转变是憧憬与希望的转折点,带有安静祥和的意境(第 14 ~ 15 小节);主题的再现和调性的回归(第 16 小节)象征着难以摆脱的现实和屈从的态度;整体缓慢的速度和二、三度级进扩展的旋律进行暗示着回忆性的描述。

**谱例 4 - 1 贝多芬《钢琴奏鸣曲 Op. 106》第三乐章第 1 ~ 16 小节**

其次,曲式分析与音乐表演无关联。曲式分析是表演写作的常规分析模式,但这类曲式分析与表演是没有什么联系的,基本上是学生习作式的曲式分析。之所以产生这种研究思路,一方面,是写作者对音乐分析理解狭隘,把曲式分析等同于音乐分析;另一方面,是写作者缺乏音乐分析与表演分析的训练。在他们的知识结构中,音乐分析基本没有和表演联系过。曲式作品分析课是所有音乐院校所有系科必修的课程，但是曲式作品分析关注的是作曲家技法的运用和作品结构的剖析，而没有针对表演阐释的分析；分析了结构之后，表演阐释时如何面对作品的结构进行思考，这是很多学生没有想过的。所以，在写作时，曲式分析与对表演的论述没有任何联系。对于表演来说，这部分实际上形同虚设。毫无疑问，表演应该关注作品的结构，而结构是具有等级层次性的。从乐汇到乐节，从乐节到乐句，从乐句到乐段，再到乐章，不同等级层次上的结构组合到一起形成整个作品的小结构与大结构。结构感是演奏中必须把握的问题。结构感可能涉及演奏速度和情感力度的安排。比如，舒曼的套曲《童年情景》中的第七首《梦幻曲》，结构规整，共有 6 个乐句（不计重复），每个乐句 4 个小节，总共 24 个小节，呈带再现的单三部曲式结构。这种结构总体体现着平衡对称的美，强调优雅的主题呈现和主导动机的贯穿，在织体和材料上表现着整体统一感，而不强调对比；唯一的对比因素主要来自和声和调性的变化。在表现上，富有表情的部分主要集中在旋律形态的起伏和与之相配合的速度变化上，因此，乐谱中几次渐慢的表情标记，以及尾声的无限延长标记对于演奏来讲显得格外重要。是否能够在这么短小而又结构规整的作品中把音乐材料组织得既充满幻想色彩又有主题的凝聚力，成为演奏中颇为考究的问题。一首脍炙人口的经典小品常常被单独演奏，但它在套曲中的演奏与单独演奏有所不同。套曲中演奏因为涉及前后连接的其他小品在表现情绪和性格上的对比，可能速度上会相对较慢。但在单独演奏中，由于这首小品的音乐构成和结构特征是统一性多于对比性，材料颇为一致，唯一的对比因素来自中段和声的变化。因而要在这样一种结构中使演奏既连贯流畅又不显得拖沓，速度会相对较快。此外，曲式的概念较为宏观，在具体演奏处理上还应该具体到乐句的细节结构特征和微观结构上，对音乐句法进行把握，对于表演才更有意义。

上述例子反映了研究者对所研究问题的关联性认识不足，其实质是对研究的主题不够清楚——这个主题并不是“一部作品”，而是作品的“哪些方面”，哪些方面需要研究，或者值得研究。然而，大量表演类论文基本遵循的一种思路是，选择一部作品进行分析，分析之后再谈一点表演。而常见的现象有两种：一种是分析与表演无关联，即前面谈到的分析与表演脱节；另一种是分析的部分与表演的部分重复。分析时已经分析过的内容，谈表演的时候再分析一遍。因为在考虑了分析与表演的关联性之后，针对表演进行的分析，和针对分析阐释表演，必然有重复的地方。针对这个问题，建议分析与表演同时进行，一边分析，一边谈表演诠释。如果既要分开论述，又要避免重复，也不是不可行，只是难度较大，需要选择不同的侧面。分析和表演其实非常紧密地联系着，却被研究者忽视了。建议研究者回到选题之前的阶段去思考选择某一位音乐家的某一部作品作为研究对象的意义，思考作品结构与表演阐释的关系。

进一步拓展分析与表演的关系问题，涉及现代作品在创作与表演之间的协调问题。有的研究者选择了当代作曲家的创作作品作为研究对象，而且研究者还可能是这部作品的委约表演者或首演者。这样的选题是很好的表演论文选题。不论具体情况如何，这里都涉及作曲家与表演者之间的沟通问题。这个沟通问题拓展了音乐分析与表演的关系。作曲家在创作中不管是“量体裁衣”，依据表演者打造了技术段落，还是从音乐需要出发，发展了现代技法，都难免要遇到表演者的实际表演反馈。表演者通过演奏或演唱新作品，可能会发现一些问题，技术难度上的，表演细节上的，都有可能，这时他们会和作曲家“谈判”，作曲家有可能坚持自己的想法，也有可能进行调整，最终达成一致意见。在这个谈判的过程中，很多表演者反映，原先他们认为不可能的技术难题或处理，却在作曲家的要求下实现了，这拓展了他们的技术表现范围和能力；也有很多作曲家反映，他们原先的一些创作意图在实际演奏或演唱中的效果并不理想，从而改进了他们对创作和表演之间关系的认识。那么，作为研究者，不管他是否就是表演者本人(或者演奏过这个作品),在当代作品的研究课题上,重视创作和表演的关系问题,同时深入分析和表演阐释的关系问题,都是提升研究质量的很重要的一方面。

## 第三节　音响与版本比较

英国著名音乐学家约翰·林克(John Rink)把分析与表演之间的关系分成两种:一种是先于表演或者可能为表演提供某些基本原则的分析,即规定性分析(prescriptive);另一种是对表演本身的分析,即描述性分析(descriptive)①。根据这个划分,诸如本章第二节论述的针对音乐作品的分析就属于规定性分析;而本章第三节所指的有关"音响"的分析则是描述性分析,即对表演本身的分析(表演必须以音响的方式呈现)。

音响对于表演研究者来说是必不可少的,从事表演的人除了对自己的表演音响效果(技术和艺术表现)不断追求之外,也常常对许多作品的音响烂熟于心,对自己喜欢和收藏的音响(CD或DVD)如数家珍,同时还会有自己对于什么是好的音响或表演(录音和录像)的评价标准,有自己崇拜的偶像艺术家或表演大师等。这些都是不言而喻的。很多从事音乐表演的人甚至是从听音响(而非乐谱)开始学习的,而且是从模仿开始,经过一个长时间的训练过程,逐渐建立起自己的表演风格。在这个过程中,他们所接触的音响不计其数。那么在表演论文写作中如何处理音响的问题呢?或者说如果自己从表演者转变成研究者,如何去看待音响呢?

首先,音响是可以研究的。音响之所以可以研究,是因为音响有差异,这里暂且不考虑生产技术和编辑技术对音响的影响,只关注不同的艺

① John Rink, "Analysis and (or?) performance", in *Musical Performance: A Guide to Understanding*. Cambridge: Cambridge University Press, 2002. p. 37.

术家对作品阐释的差异。那么,为什么会有不同的阐释?当然有人会说,不同的艺术家对作品有不同的理解,这是很正常的事。那么,为什么有不同的理解?他们采用的是同一个乐谱版本吗?如果是,那是因为他们对乐谱上的音符和标记的理解不同,还是因为他们在表演过程中加入了自己的想法和情感?他们不同的表演特征到底是什么?那些之所以成为独特的表演风格的特征到底是什么?如果我们不断追问,就必然会涉及艺术家处理音乐的细节,可能具体到每一个小节、每一拍、每一个音……那些或长或短、或强或弱、或明或暗、或快或慢、或刚或柔的对音响的描述,正是我们通常对音乐的描述。那为什么会有这些差异性的处理?研究者可以从很多方面去分析和解释。

对表演本身的研究在国外已经进行了很长时间,国外表演研究的成果为我们研究表演问题提供了许多值得参考的建议和方法。比如卡尔·西肖尔(Carl E. Seashore)较早地从实验开始,研究了不同的演奏家诠释乐音以及乐句的显著相似性,从乐句法中,展现了演奏家的情感表现方式。他用实验测量了广泛存在于声乐和器乐表演中的振动音现象,并认为这是一种表现美感的方式,他较早地提出了音乐表演中的"偏离"原则是表现性的重要体现的观点。他说:"音乐中的情感表现存在于对规则的审美偏离中——这些规则来自纯粹的音调、绝对音高、韵衡的动力、节拍器时间及严格的节奏等等因素。"[①] 他还说,"这种音乐表现上的破格,正是因为作曲家创作中的美,往往要靠演奏家越离正规地、艺术性地变化去实现。"[②]20 世纪末很多学者继承并拓展了这种研究方法,并提出更多表演表现规律的看法。比如托德(Neil P. Todd)选取了巴赫的萨拉班德舞曲大提琴组曲 BWV1009 的 20 个商业录音作为分析材料,设计了一种计

---

① Carl E. Seashore, *Psychology of Music*. New York: Dover, 1938, p. 9.

② 〔美〕卡尔·西肖尔:《音乐美的寻觅》,郭长扬译,台北:全音乐谱出版社,1970 年,第 56 页。

算机规则来研究音乐表演中的计时和动力①,展示了演奏家在计时和动力表现方面的运动过程之动态,以及对计时和动力的表现方面的阐释观念。托德的研究表明了这样一个主要观点,即渐强渐弱的力度变化伴随着渐快渐慢的速度变化,速度和力度之间的关系可以表述为“越快越响,越慢越弱”②。雷普(B. H. Repp)研究了24位著名钢琴家和一组毕业研究生演奏的舒曼《童年情景》中的钢琴小品《梦幻曲》的录音,发现演奏者对时间的表现具有极大的相似性,所有演奏家都围绕音乐句法结构组织音乐的时间形态——速度③。雷普还对肖邦的练习曲E大调Op. 10, No. 3进行了计时和动力的测量,其中使用了100多个商业录音,年代跨度从1927年至1995年,分析显示了主要的计时策略,如旋律结束时的渐慢、某些句子中的加速、开始强拍的增长④等等。21世纪初,英国音乐表演研究机构——先后于2004年和2009年成立的“录音音乐历史与分析研究中心”(CHARM)和“作为创造性实践的音乐表演研究中心”(CMPCP),在学术范围内的影响使表演音响研究的角度从细节差异,到艺术家个性分析、心理分析、观念分析、文化分析,研究方法从描述到实验,到程序分析等等,已经非常丰富多样,进入了科学化、系统化的时代。

其次,音响研究的方法视论文研究的需要而定。音响研究一般都伴随版本比较,这种比较的意义在于:第一,从差异的细节分析中返回乐谱标记和作曲家创作意图的分析,可以解释这种差异的原因,提供一种解读

---

① Neil P. Todd, “A Model of Expressive Timing in Tonal Music”, in *Music Perception*. 1985, (3): 33—58.

② Neil P. Todd, “The Dynamics of Dynamics: A Model of Musical Expression”, in *Journal of the Acoustical Society of America*. 1992, 91(6): 3540—3550.

③ Bruno H. Repp, “Expressive Timing in Schumann's Traumerei: An Analysis of Performances by Graduate Student Pianists”, in *Journal of the Acoustical Society of America*. 1995, 98:2413—2420.

④ Bruno H. Repp, “A Microcosm of Musical Expression: I. Quantitative Analysis of Pianists' Timing in the Initial Measures of Chopin's Etude in E Major”, in *Journal of the Acoustical Society of America*. 1999, 106:469—478.

的可行性观点。第二,也可从音响的共性特征中揭示风格的统一性,解读艺术家运用音乐表现手段的共同规律。第三,从比较中说明某种技术、技巧的表演风格的变化,同一作品在不同时代表现出的演奏特征和倾向有所不同,可以阐述和分析这种变化的原因。第四,还可以从音响版本拓展到视频版本,突破纯听觉的分析,挖掘作为舞台表演艺术的音乐表演的更多表现的可能性。视频版本(比如实况录像)的分析还可以很好地避免音频编辑技术对表演“原作”的干预和影响。第五,可以从表演观念、表演环境、新的表演方式,甚至听众接受等角度对不同条件下的表演进行解读,等等。总之,可以研究的方面还远不止这些,根据不同研究对象的特点和具体研究目的,可能还会有更丰富的研究角度。

版本比较应该注意的问题是:第一,不要为比较而比较。有些研究者在学习和写作过程中,看到一些论文中有音响版本比较,于是也在自己的论文中加入音响版本比较,但只是把例子摆出来,作为一个章节内容“安放”在论文中,既没有真正地比较,也没有什么结论,这种写作方式需要避免。表演论文并非都要有音响版本比较,但只要有,就要为论文整体的问题、设计和构思服务,不能作为“摆设”。第二,作为范本的音响版本要有一定说服力。这种说服力一方面是指,要选择较好的音响版本,即以大师的表演作为例证;另一方面还要注意版本的相关性,即不同版本之间比较的点是什么。比如,如果是比较差异,就要选择具有明显差异的版本;如果是比较不同的风格,就要选择风格区分度较大的较典型的版本。总之,要选择具有突出代表性的版本来比较。第三,比较总是在共性和个性之间进行的,要特别注意共性和个性之间的逻辑关系,建立有效的比较逻辑。比如对于同一个作品,不同艺术家在同一时期的表演不同,不同艺术家在不同时期的表演不同,同一个艺术家在同一时期的表演不同,同一个艺术家在不同时期的表演不同。这里就有四个比较逻辑,每一个比较逻辑都意味着有一个假定的原因存在,它们之间的原因是不同的,所反映的问题也是不同的，这就需要研究者在选择比较对象的时候思考比较的逻辑是什么，比较的目的是什么，即为什么要选择这几个版本进行比较。第五，可比较分析的方面很多。可以比较速度，也可以比较力度，速度和力度是最有代表性的两个体现不同音响特征的衡量指标。也可以分析速度和力度的关系。在速度的比较中，可以分析加速度和减速度；在力度的比较中，也可以分析力度的变化幅度和变化速度。可以比较表演技法，比如演奏法中连音、跳音、断音、顿音、装饰音等等各种技巧的运用差异。也可以分析视频中表演者的表情、动作、角色转换、身份等等。总之，根据不同的研究对象决定比较分析的方面，研究角度也是不限定的。研究者需要有创造性和想象力，同时要有清楚的逻辑思考和问题意识，不能远离论文阐述的核心。第六，版本比较的方法也非常多样，应根据论文的问题来选取。技术性细节的差异比较，可借助软件分析来进行。比如对速度、力度之类的数据性分析，用软件程序，比人工测量要准确得多，很多播放器软件都能进行简单的数据分析，还有一些更专业的软件（比如 sonic visualizer）可以进行更多有目的性的分析。借助程序软件进行声音和图像的分析是目前国际上比较流行的"实证主义"方法之一。在这种人文科学的"实证主义"潮流下，很多分析采用数据呈现，甚至采用数学公式来表达。但需要特别注意的是，这种"实证主义"倾向的研究方法，是否能解决研究的问题（特别是美学的问题），在何种程度上能做出相应的解释，还需要结合具体研究才能观察和得出结论。研究者必须清楚，这些研究方法本身并不是目的，任何方法都是为阐释问题服务的，要阐释的问题是什么，这才是最重要的。除了技术分析之外，还有诸如归纳总结、观察描述、图表图示分析、问卷调查、采访统计等等，都可以作为研究方法使用。

## 第四节　材料运用及其他

这里的材料主要是指论文中所用到的音乐材料（文字材料作为引用问题在第五章中讲述）。音乐材料，包括前面讲到的乐谱、音响等资料。在处理音乐材料时，最应该注意的是问题意识，这是与研究者的选题和写作思路一脉相承的。我们在写作最初开始时，就从选题的角度强调过问题意识，这里从材料运用的角度，也要强调这个意识。问题意识应该贯穿整个论文材料的处理过程中。问题意识又包括三种意识：历史意识、比较意识和价值意识。①

历史意识是指，任何事物都有一定的历史成因和发展过程，对这种发展变化的探究不仅能够清楚地认识事物的演变，而且使研究的问题变得具有参照性，有历史依据，从而更具有说服力。比如，在音乐例证中，研究者可以从一种技法特征（如装饰音）的历史根源追溯发展过程，探究所经历的不同时期的发展轨迹，分析历史发展的阐释观念，在现代表演中，这些观念又是如何运用的。这种历史意识的思考和研究会比单纯讲技法特征更有意思，更有深度和宽度，这就不只是局限在一个很狭窄的范围来讨论了。那么在选择音乐作为例证的时候，可以从不同历史时期选择具有代表性的作品或作品中的片段来研究。这种历史意识会把研究对象串成一个“逻辑链条”，这个“逻辑链条”的原因是什么，将会引起多角度的观察和发现，无形中就会把研究的问题深化。在音响的例证中，这种历史意识同样能把问题深入，并带来富有特色的研究成果。比如英国著名音乐学家尼古拉斯·库克（Nickolas Cook）就是带着这种历史意识纵向考察了

① 高拂晓：《精诚所至　金石为开——从〈中央音乐学院学报〉审稿谈音乐学论文写作问题》，《人民音乐》，2012年第6期。

20 世纪跨度 80 年里的肖邦玛祖卡 Op. 63, No. 3 的几十个录音,去追溯 20 世纪的表演实践,试图从时间跨度中找到乐句拱形的运用规律,阐释钢琴风格的历史变化。他的研究证据显示了,不同的历史时期表演风格有所不同,在 20 世纪 30—50 年代形成了一种规范化的、普遍的、在运用力度和速度方面达到高度一致的演奏风格,比如涅高兹教科书一般的演奏音响就是这种风格的集中体现,从中他还提出了音乐表演风格是伴随文化风格所产生的一种审美意识的观点,[①]从技法到文化,拓展了他的研究价值。

其次,任何事物都只有在与别的事物的联系中才能确立自身的意义。没有任何事物是孤立存在的,我们这里所说的比较意识实际上是一种"联系观",而非比较高下之意。"联系观"是一种普遍适用的观点。因此,在写作过程中不仅应该多注意从历史的角度纵向分析事物的成因、发展及变化,还要注意横向的事物与事物之间的联系和区别。比如在音乐材料的分析中,逻辑关系总是蕴含着比较逻辑。例如,当你选择了研究莫扎特的钢琴音乐,你就不可能逃避他的歌剧音乐。你可以不去涉及,就钢琴音乐论钢琴音乐,但是如果你能在钢琴音乐和歌剧音乐中找到相互之间的关联,并提供证据分析,那毫无疑问,你的研究价值就极大地拓展了。从理论上讲,同一个作曲家的不同体裁的作品创作之间相互影响的可能性是非常大的;同一时代或者不同时代的不同作曲家之间的影响也是存在的,这都是由风格理论(风格的个性与共性、时代性与民族性等关系)决定的。这种"联系观"是一种大胆的假设,但要小心求证。求证的过程就成为分析的意义。对于音响的比较问题前文中也已经涉及了,比较逻辑的确定非常重要。此外,还要注意的是,"联系观"不是强拉联系,而是要

① 〔美〕尼古拉斯·库克:《化圆为方:肖邦玛祖卡录音中的乐句拱形》,高拂晓译,《乐府新声》,2013 年第 1 期。

通过例证来证明，不是只提供主观解读，而是需要客观证据。

再次，要有价值意识。正是因为问题的确立来自问题的价值和意义，因此在写作之前，应该反复思考研究该问题的价值、意义何在，在写作过程中，也应时刻注意这种意义是否得到了充分的论证，这有助于在揭示问题的同时又跳出问题、思考问题并深化问题。在运用材料的过程中，要时刻注意材料的分析是否解释了论文提出的问题，是否围绕问题在分析，而不是分析了很多跟论题没有太多联系的内容。如果忽视这一点，就很容易造成表面上看似乎分析了很多方面，很详细，实质上分析的内容并没有很好地阐释问题，论文的价值和意义也就没有得到体现。这也是很多论文容易犯的毛病。这里强调的价值意识，实际指的是材料与论题的“贴合度”问题，“深度贴合”都是通过仔细分析内在的发展和关联而得到的。总之，在处理音乐材料的过程中，具有历史感的分析和具有比较意识的分析是提升文章价值的有效手段。

材料运用的关系可以表现为并列关系、递进关系和转折关系。本书第二章中曾经讲到句子关系，材料的关系也有类似的特点。有时需要用几个例子说明一个特征，那么这几个例子之间就是并列关系，有可能几个例子都是一类具有相似特征的例子，也有可能几个例子从不同的方面说明同一个特征；有时需要用几个例子说明发展和演变状态，例子之间呈现递进关系，多有时间顺序上的特征，比如不同时期的表现特征，这时还不能调换顺序，要按照时间由远及近（从年代久远到现在）的顺序来安排，这就跟文章结构布局发生关联了，也说明例证选择与文章结构安排是一体的；有时需要正反对比例证，比如两个例证之间形成真正的“对比”关系，如一好一坏，达到强烈突出主要例证、说明重要观点的目的。

除了材料处理的几种意识之外，材料的运用还有可能发生转换和重组。比如，从规模较大的学位论文到篇幅较小的发表论文，就需要对材料进行重新设定和安排。

学位论文是研究者针对某一个专题进行的较长期且深入细致研究之后的成果。很多研究者的硕士论文和博士论文很可能作为单篇论文来发表，这时通常需要进行一定程度的改写。不仅在文字上需要改写，而且在材料和例证上也需要重新考虑，而不能直接“截取”。因为学位论文的组织结构较大，建构篇幅较长，从研究目的到结论通常具有一定的系统性逻辑，各个章节共同构成了一个完整的整体，而直接截取一个章节来作为发表论文时就会造成前后因果关系不清的突兀感。改写时首先应该简明扼要地交代研究的背景和已有成果，在此基础上再进入论题。其次，对原先论文的章节需要进行重组，因为学位论文一般都使用详细的说明和例证来阐述理论，而作为单篇论文发表时则需要大量精简。再次，学位论文有各种不同的类型，对于针对一个问题的多方面论述，改写时通常应该对各个章节的核心观点和论述进行“提取”；对于针对某类问题所涉及的多个问题的分章节论述，则最好选取问题最重要的方面进行重点改写，再简明扼要地概括其他相关问题。这主要是因为在篇幅上发表论文一般不具有学位论文的规模，而又需要保证主题的集中。最后，针对采用多个例证证明某个问题的学位论文，则最好选取最能说明主题的例证。总之，实际情况可能更多，但是“去粗取精”是必然的，且任何取舍都必须从学位论文的整体出发进行恰当的调整、衔接甚至重写，而不能简单地拼接或粘贴；同时突出重点和亮点。

最后，还有一些论文写作中可能遇到的材料处理问题，比如与论文有关的重要的翻译资料，稀有而珍贵的作品手稿或新近作品的乐谱，采访或调查问卷等作为例证的原始资料等材料。这些材料都是不适合放在论文中的，可以作为附录附在论文之后。这种方式只适合学位论文，不适合发表论文，因为受到篇幅和实际需要的限制。而在发表论文中，如果这些内容相当重要，可以用一定的文字篇幅来解释，或是采用图片（扫描或截图）的方式展现，作为一种例证。由于这些材料的原始性，是第一手资料，因此，采用缩略图片方式呈现不失为一种很好的处理方式，可以提高论据的说服力。比如一些手稿的截图，原版乐谱的封面、扉页或标记等等，都属于这类有说服力的例证。而且为了展现原始资料的真实性，建议用扫描的原始图片和乐谱，而不是用制作加工的图片或乐谱。

# 第五章　规范与标注

学术论文是个人或团队的科研成果，是创造性劳动的体现。人文社会科学领域，任何一个思想和观点的提出，任何一个理论和法则的建立，都是历史发展积淀的结果。没有大量已有成果的积淀提供基础，研究者很难突发奇想，也不可能建造“空中楼阁”。学术论文不同于其他写作文体，有比较严格的规范要求。研究者对待学术论文必须严肃、谨慎、求真、务实。

## 第一节　规范的含义

学术论文的规范首先是指对研究精神的秉持和理解。研究是研究者付出时间、精力和智力去探索未知世界的过程；研究是本着发现问题、寻找答案并解决问题的初衷所从事的创造性劳动；研究是思想不断深入，透过表面现象看事物本质，总结经验的过程；研究是充满好奇心和想象力，勇于发问，满怀激情和毅力，挑战认识高度的过程；研究是树立科学的学习态度，锻炼理论能力，培养逻辑思考力，提升综合知识水平的过程。研究使人类进步。表演论文的写作需要研究精神，从事表演艺术的人更需要研究精神。虽然表演似乎是技巧、情感、表现的传达，但没有研究的表演必然沦落为苍白无力而又肤浅的表演，即没有深度的表演在根本上是打动不了观众的。没有对研究精神的理解，就没有规范。研究精神还表现在研究者如何看待“权威”。众所周知，我们所相信的理论和观点或多或少来自权威的言论，这些言论千百年来一直影响着我们的信仰，但是思考一下,这些“权威”不也是前人经过研究和有力的论证才逐渐获得认可的理论吗?但是,研究的本质意义在于,我们不只是一味地捍卫已有权威,还要检验权威。研究者可以向权威发问,并通过建立可靠的证据来回答所提出的问题,并挑战权威。研究者的提问不是轻易地提问,而是要为问题寻找答案,“为什么我要相信这个观点”,在写作的时候,也要思考,“为什么别人要相信我的观点”。“论文写作对于任何读者来讲,都是想象去相信它的一种对话,是一种合作式的询问而非严厉的质问。”①

其次,规范需要道德意识。这是决定一篇论文是否严谨和清晰的关键。道德意识从某种程度上讲,就是指论文的学术规范。研究者应该尊重他人的研究成果,从根本上意识到自己所论述的问题和所采用的语言,到底是他人的,还是自己的。也就是说,对于哪些是引用的,哪些是转述的,哪些是在理解基础上改写的,研究者应该有非常清醒的认识,而不要模棱两可、含混处理。对于直接引用的内容务必详细标明出处;对于所涉及的比较重要的观点或提法,即使是间接引用或转述的,也应该标明出处。对于这个问题,很多研究者都不重视,常常含混处理,以致阅读起来难以分清哪些是已有的研究成果,哪些是运用他人的理论和语言,哪些是作者的观点。研究者应该清楚地认识到这种区别,从而给出较为明确的表述。

再次,规范需要自省意识。自省来自心态,心态决定着研究者的学术生命,也影响着学术质量和学术风气。对于学生而言,论文是学习过程的总结,是自己思考、研究并成就理论素养的体现。重视并认真对待这个过程,必然能通过这个过程使自身得到极大的提高。无论将来从事表演、创作还是理论研究,无论是从事表演的传达者还是教育工作者,这个过程对

---

① Kate L. Turabian, *A Manual for Writers of Research Papers, Theses, and Dissertations*, 7th Edition. Chicago and London: The University of Chicago Press, 2007, p. 130.

于研究者来说都是极为珍贵的。即使基础差一些，只要思想上重视，愿意为此付出时间和努力，用心去学习，就一定能得到提高。对于教师来讲，一定要认识到写作中的理论研究过程是对自身教学能力的一种最好的提升。试想，没有研究的教学如何能令学生信服？绝不能把论文写作仅仅当作评职称的差事来应付。一方面，职称是某种程度上对授予者学术能力和研究水平的认定和评价，是一个需要时间积累而水到渠成地形成研究成果的过程；另一方面，以论文形式表现出来的学术研究成果是一种学术兴趣的反映和个人价值实现的方式，而不应该成为急于拼凑数量来获得某种资格的途径。只有每一个研究者都潜心钻研，用求真务实的态度对待论文写作，才可能有“规范”可言。

那么什么是不规范呢？最大的不规范就是“抄袭”。没有研究精神，自然会抄袭；没有道德意识，自然会抄袭；没有自省意识，更会抄袭。抄袭分为有意识抄袭和无意识抄袭两种。不言而喻，有意识抄袭就是因为作者缺乏前面所提到的那些品德，自身懒惰和松懈，试图不劳而获，把别人的成果“抄”来作为自己的成果，这主要是指整篇抄袭，或大部分和大段落抄袭的现象。试想一下，把别人的东西抄来作为自己的，跟抢别人的东西据为己有有什么两样？很明显，有意识的抄袭就是研究精神缺乏的表现，甚至是道德败坏的表现，也是人品素质低劣的表现。对这种有意识的抄袭行为，我们要坚决杜绝。而无意识抄袭是指，由于注释、引用和转述等操作不当所产生的对他人成果的挪用。缺乏经验的研究者常常离开文献就不能写作，一写作就要用别人所说的话，这也是他们常常感到苦恼的写作问题，在他们的脑子中构建不出自己的语言和表述。对于无意识抄袭现象，研究者需要多加小心，对有可能出现的无意识抄袭要有思想上的警醒和认识。在写作中，可以通过合理处理注释、引用和转述等关系来避免无意识抄袭现象。

第一，直接引用。在任何论文的写作中，研究者都会引用别人的观点

(文献中的语言文字表述,包括图表等内容)作为论据来支持自己的观点。在下面几种情况下需要直接引用:1. 所参考的文献中的某一句话或某一段话是原创性的,且特别精彩,表述特别充分,任何增加或删减都会比原文逊色,不能很好地呈现原作者观点的风貌,这时就需要直接引用原文。2. 文献中的观点是公认的权威性的语言或经典论述,研究者没有必要重新换个说法来写,这时也需要直接引用名人名言。3. 原文作者非常清楚地表达了研究者所提出的核心观点,直接引用便于接下来围绕这一主题继续展开讨论或延伸。4. 研究者对于原文中的观点持有相反的看法,或不赞同原文中的某些说法,认为需要就原文观点进行商榷,这时也应该先完整地呈现出原文,再进行辩驳,不至于引起歧义或断章取义。① 直接引用必须用双引号(“”)把所有文字涵盖起来,或是单独起一段落。单独起一段这种情况一般是引用的文字段落比较长,在一些编辑排版中还会专门采用一种字体来区分,由于标识性很强,这种引用是最容易识别也是最突出和醒目的内容。直接引用的文字之前常常有引导语,常用原文作者的姓名引导,比如“×××说”“×××提出的观点是”“×××曾经说道”“见×××的论述”“见×××的观点”等。

第二,间接引用。间接引用包括概述、改写、转述等。有时候研究者并不需要直接引用所有原文,而只是提及他人的研究成果,或是在论文中总结他人的一些观点。比如前面我们讲过的综述或研究背景介绍中的某些内容,都可能用到间接引用。这时,需要对他人的研究成果进行一定的总结,用很精练的语言进行概括,提取中心思想或主要观点进行评述。有时候,篇幅所限,也不允许研究者大段落地引用原文,甚至,太多原文的引用,会阻碍研究者自己的论述。有时候,原文的内容冗长而复杂,语言较

① Kate L. Turabian, *Student's Guide to Writing College Papers*, Fourth Edition, Chicago: The University of Chicago Press, 2010, p.90.

晦涩，研究者也可以采取改写原文的方式，使其变得更为简洁清晰，让读者更容易理解。这种间接引用具有比直接引用原文更好的效果。还有的时候，研究者从多处总结原文的观点，组合成自己的观点，并未集中在某一句或某一段文字上，这种情况仍然要有注释说明。值得特别注意的是，间接引用虽然没有引号（“”）来标识，但是仍然应该有明显的“标识”语言，比如采用原作者的姓名或人称代词引导，“×××认为”或“×××提到”等，如果没有这些标识性的语言，就会使文章陷入“灰色地带”，读者在阅读的时候就会怀疑，这段话是研究者说的呢，还是其他文献中说的？引用的原则就是要明示到底是谁说的。对于这个问题，相信写作者心中是非常清楚的，所以绝不能模糊处理，而要“标识”出来。

第三，混合论述。这种情况是指，研究者没有直接引用原文的一段话，也不是转述或改写原文的话，而是把原文中一些关键的语言或概念，与自己的写作语言混合在一起。表达逻辑关系比较紧密的内容，或是反复提到重要的原文概念时，对于原文内容，哪怕是一些词语或概念表述，仍然要用引号标识，以区别出他人的语言和自己写作的语言。如不做区别，也会有抄袭之嫌。混合论述与直接引用和间接引用的区别是，没有明确的引导性的标识词（比如人称代词），所以只能用引号来标识了。比如下面这段例子[①]融合了上述讲到的三种现象。

①迈尔在对形式主义的论述中进一步透露出了他对“风格”的根本看法。②迈尔认为，形式主义提倡相对价值和多元风格，同时，风格的多元并存又促进了形式主义的流行。③从历史发展来看，音乐风格的变化导致多种风格的出现，多种风格并存的现象在20世纪显得尤为突出。④迈尔认为，在美学上，从古典时期到浪漫时期，再到近现代，风格的清晰图式变得越来越模糊，这种模糊是由于听众对风格感到陌生所致。⑤这

① 高拂晓：《迈尔音乐风格理论的美学阐释》，载于《黄钟》，2009年第3期。

种变化是伴随着美学观念的历史变化而产生的。⑥海德格尔说："艺术是历史性的，历史性的艺术是对作品中的真理的创造性保存。"⑦因此，风格作为一种历史性的时间延续，同样应该被视作一种"创造性保存"。⑧这不仅在艺术技法上，更多地在艺术接受上提出了风格应该在历史的理解中实现审美的理解。⑨迈尔对风格的看法正体现出一种承继历史特征的美学性质，也体现出一种审美经验的发生学性质。

上面这段文章一共有九句话，第①句是研究者对他人（迈尔）理论的评价；第②句用"迈尔认为"引导了一个观点，采用的是间接引用，是对原文几处观点的整合；第③句是研究者根据理解转述和改写的内容；第④句用"迈尔认为"引导了一个间接引用；第⑤句是研究者根据理解转述和改写的内容；第⑥句是直接引用海德格尔的一句话，用了完整的引号形式；第⑦句是研究者分析论述（迈尔的"风格"特征）的语言，由于再次提到了海德格尔的"创造性保存"，因此采用引号标识，并把这个引用编织在自己的论述中；第⑧句是研究者通过分析和引用海德格尔的话，评价了迈尔理论的意义；第⑨句也是研究者评价迈尔理论的语言。整个段落既有直接引用较为权威的哲学家的话，又有间接引用和转述迈尔理论的语言，也有混合引用论证"风格历史性"的意义，还有研究者对他人理论和观点的理解和评价。并且都有标识性的语言作为提示，读者阅读的时候可以比较清楚地知道哪些是他人的观点，哪些是研究者的观点。再看下面一个例子①。

谈到肢体语言，美国哲学家理查德·舒斯特曼曾经说过，艺术家对身体的关注表明他们意识到，"我们的身体表达可以强烈而精确地展示心灵生活；他们已经证明：信念、欲望和感情的最精微、最细微的差别，无不可

① 高拂晓：《音乐表演表现力的多维视野——以〈梦幻曲〉的几个视频演奏版本为研究个案》，载于《中央音乐学院学报》，2013 年第 3 期。

以通过我们手指的姿态或面部表情显示出来”。他认为身体实际上“塑造着我们的精神生活”，并主张一种“批判性的身体自我意识”。舒斯特曼的这一观点对我们认识表演的身体动作很有启发意义。音乐表演一直是与身体动作分不开的，身体动作在产生美妙的音响上本身是具有功能性的。通常，人们对于表演中过多的身体动作的谴责莫过于身体动作偏离了音乐的本质，或是已经不利于实施音响上的功能了。同时，这类谴责还在很大程度上受制于传统哲学，认为身体会妨碍我们对音乐本质和真理的追求。而事实可能并不一定如此。

上面这段话中，同样由于论述的需要，混合采用了直接引用、间接引用和混合引用的情况，并且有明显的标识性语言（如画横线的部分），而没有标识性的句子，则是研究者的分析和评论。可见，如果是研究者自己的写作语言，则不需要标识性的语言作为引导和提示，是直接表述的，但涉及他人的观点和理论的内容，则需要标识性的引导词来明确。假设把这些标识性的引导词或引号都去掉，我们可想而知，一般读者便会很难判断是谁的表述（有经验的研究者和编辑可凭借经验判断），也就成为不规范的写作了。对于所有引用的内容，都需要标注参考文献（下一节讲述）。

为了更好地避免有意识和无意识的抄袭现象，研究者应该注意以下几点。

首先，信息时代的网络资源极为丰富，谷歌（Google）、百度（Baidu）等随便一搜，就可以方便迅捷地获取信息，再加上微博、微信等新媒介的广为流行，“复制”+“粘贴”+“转发”这类模式已经成为新时代人们传递文字信息的主要手段。受这些习惯的影响，人们的独立意识和批判精神都在下降，只要涉及文字内容，就禁不住要“复制”和“粘贴”。然而，论文写作却不能这样，论文写作是“研究”，是原创性的智力劳动，写作时一定要摈弃这种“网络习惯”，勤于“动手”和“动脑”。对于资料参考，本书第一章就讲过资料搜集的恰当途径，网络上的很多渠道都是不可靠的，不是可以信赖的参考资料，要仔细甄别。其次，在论文写作的前期，特别是阅读资料的过程中，一定要勤于做好笔记。一些读书笔记和总结等内容对于后面的论文写作是非常重要的，这些笔记不仅包括对他人研究成果的归纳总结，还包括记录下自己所思考的问题或疑问。更重要的是，如果有精彩的观点或句子摘抄，一定要及时标注出处和来源，以免论文写作中用到的时候再重新去找出处，既花费时间又很困难。再次，改写和转述他人的观点时，不要太过于靠近，不要盯着原文改写，这样很难跳出原文的语言表述；也不要对照原文，简单替换词语顺序，或者找几个近义词替换，最好的方法是读透原文，经过思考之后，用自己的语言重新表述。另外要想避免抄袭，增加研究者自己的观点，还要有“评论意识”。人文社会科学中的研究都是带有评论性的，这种评论性体现为一定的理论总结、评价甚至批判，是在分析、比较、阐释中建立起来的写作方法和学术判断。“批评”本身就是一种研究方法。带着“评论意识”来写作，自然不会大段抄袭原文，而走向“夹叙夹议”的行文方式，很多自己的观点就能涌现出来。

## 第二节　文献标注问题

凡是直接或间接引用到他人的观点、重要概念及论述，均需要标注其来源，这里统称为“注释”①。论文中的注释位置主要有两种：脚注和尾

① 本书中所提的“注释”这一概念容纳了对论文正文进行解释说明的文字，也包括对引用或参考的文字标注的参考文献信息。目前，国内对标注参考文献的格式体例没有统一（国家标准有针对“文后参考文献”的规范原则）。笔者之所以采用“注释”（并主张用脚注方式标注），是因为参照了国内权威期刊《北京大学学报》（哲学社会科学版）、《中国人民大学学报》（哲学社会科学版）、《清华大学学报》（哲学社会科学版）、《中央音乐学院学报》等的文献标注方式。这些期刊均采用了脚注方式标注所有文献，笔者认为这是一种便于阅读的标注方式。

注。脚注标注在每一个页面的下方，阅读起来很方便，容易查找；尾注标注在文章最后，便于统计参考文献，但对于篇幅较长的论文，查找起来不太方便。脚注和尾注都采用顺序标注（计算机 Word 软件可自动生成顺序）。不管采用哪种方式标注，采用哪种体例格式标注，所需要涵盖的信息都要求完整。所谓完整，即需要包括五个方面的内容：文献的作者 + 文献的名称 + 文献出版的单位 + 文献出版的时间 + 文献的页码。文献的作者包括著者、编者、译者或责任者，有时是多人，也要标明；文献的名称就是文献的标题，或文章篇名；文献出版的单位包括出版地（城市名称）和出版社的名称；文献出版的时间是指出版的年代，一般出版物都有出版月份，可以只标出年份即可，因为一年内很少有出多个版本的情况；文献的页码有时是具体的某一页，有时涉及好多页，对于涉及多页的要标出页码范围。每次标注时都要检查是否涵盖了所有这些信息，在论文写作前期的资料搜集和整理过程中也要特别注意完整记录这些信息，方便写作中使用。下面举例说明不同文献类型的标注规范（采用中英文两类举例）。

## 一、一般书籍类举例及说明

1. 王次炤：《音乐美学基本问题》，北京：中央音乐学院出版社，2011 年，第 66 页。

2. 张前、王次炤：《音乐美学基础》，北京：人民音乐出版社，1992 年，第 56—57 页。

3. 张前主编：《音乐美学教程》，上海：上海音乐出版社，2002 年，第 56 页。

4. [美]大卫・杜巴尔：《霍洛维茨之夜》，徐康荣译，北京：人民音乐出版社，2006 年，第 45—48 页。

5. [唐]欧阳询：《艺文类聚》卷十九，汪绍楹校，上海：上海古籍出版社，1982 年，第 363 页。

6. Lawrence M. Zbikowski, *Foundation of Musical Grammar*, New York: Oxford University of Press, 2017, p. 16.

7. Colin Lawson and Robin Stowell, *The Historical Performance of Music: An Introduction*, Cambridge: Cambridge University Press, 1999, pp. 80—89.

8. John Rink(edited), *Musical Performance: A Guide to Understanding*, Cambridge: Cambridge University Press, 2002, p. 99.

上面所列举的8个文献都包含了前面所讲的"作者+书名+出版单位+时间+页码"五个方面的完整信息。

第一,作者可能是单人(如例1)或多人(如例2),如果是"著",可以不用写出这个"著"字,姓名之后直接接书名;如果是"编"或"主编",要标示出来(如例3中的"张前主编")。中国古代文献的作者要加朝代(如例5中的"[唐]");外文翻译成中文的书籍,作者要标明国籍(如例4中的"〔美〕")。英文作者有单人和多人,多人用and连接(如例7),超出两个人的,最后一个人之前用and连接。中英文作者不超过3个时,全部照录,超过3个时,只著录前3个责任者,其后加",等"或与之对应的词。① 英文人名要特别注意,如按顺序标注不带标点符号时,表示"名+姓"(如例8中的"John Rink","John"是名,"Rink"是姓),这一点与中文的"姓+名"正好相反;英文名字翻译成中文时,名和姓之间要用符号"·"隔开(如例4中,"大卫·杜巴尔","大卫"是名,"杜巴尔"是姓);英文姓名中有时有中间名,英文中的中间名采用缩写大写字母,并在右下方加圆点隔开(如例6中的"Lawrence M. Zbikowski");如果英文姓名也采用

① 参考新闻出版总署科技发展司、新闻出版总署图书出版管理司、中国标准出版社编:《作者编辑常用标准及规范》(第三版),北京:中国标准出版社,2011年,第533页。

"姓 + 名"格式,则在姓和名之间要加逗号隔开(如例 8 中的姓名标注方式可改写为"Rink,John")。[①] 英文文献的作者如果是编者,要标示出来(如例 8 中的"edited")。外文文献的译者和中文文献的校对者也要标示出来(如例 4 和例 5)。

第二,中文的书名一定是用书名号(《》)表示的;特别要引起注意的是,英文中没有书名号(《》),书名号是中国文字所专用的,英文的书名是用斜体表示,如"*Foundation of Musical Grammar*"。因此在英文文献标注中,一般只要看到斜体的英文,大多数是书名。中文古籍书如果有"卷"之类的也要标出(如例 5)。

第三,出版社名称前面要加上出版地,出版地一般用出版社所在城市名称(如北京、上海或 New York、Cambridge),而不用省份或州名。

第四,英文文献标注时,都采用了首字母大写的方式,包括人的姓名、书名、出版社名称等,首字母大写主要是指实词和开头的词,而不在开头的数词,副词、介词和连词等仍用小写(如例 6、例 7 中的"of",例 8 中的"to")。

第五,页码有单个页码和多个页码(多页码用页码范围形式标注,如例 2 和例 4)。英文文献中的单页码用"p."标注(如例 6 和例 8),多页码用"pp."标注(如例 7)。

## 二、论文及析出文献类举例和说明

1. 于润洋:《试从中国的"意境"理论看西方音乐》,《中央音乐学院学报》,2013 年第 3 期,第 25 页。

2. 高拂晓:《取其精华、分析批判的学术思想——于润洋学术思想研

---

① 这是另一种英文标注的体例问题,不是原则问题,研究者可根据不同需求来选择用哪种方式。总之英文姓名是名在前,姓在后,如果要按中文的顺序,就要加逗号隔开。一篇论文中的标注方式要统一,不能混用。

究之一》,王次炤主编:《于润洋学术思想研究》,北京:中央音乐学院出版社,2012 年,第 196 页。

3. 盛文:《中国歌剧表演史研究》,华东师范大学,博士论文,2013 年,第 80 页。

4. Patrik N. Juslin,"Five facets of Musical Expression: A Psychologist's Perspective on Music Performance", *Psychology of Music*, 2003, vol. 31(3), pp. 272—302.

5. Rudolf A. Rasch,"Timing and synchronization in ensemble performance", John A. Sloboda(edited), *Generative Processes in Music: The Psychology of Performance Improvisation and Composition.* New York: Oxford University Press, 1988, pp. 70—90.

6. "Violoncello", in Stanley Sadie(edited), *The New Grove Dictionary of Music and Musicians*(Second edition), London: Macmillan Publishers Ltd., 2001, vol. 26, p. 750.

论文及析出文献类的标注原则同著作类的标注原则,要标出完整信息,需要说明的几点如下。

第一,中文期刊的论文的标注中,文章的篇名和期刊名用书名号(《》)表示,紧接着是作者的文章篇名,后面是期刊名称,期刊要标出第几期(如例 1)。英文期刊论文的文章篇名用双引号(""),期刊名等同于专著书籍类,用斜体(如例 4 中的"*Psychology of Music*"),也需要标出第几期。

第二,析出文献其实质大多也是论文,分两部分标注。前半部分标出作者和文章名,后半部分标出这篇文章所收入的论文集的编者和书名(如例 2),后半部分就相当于一本著作的标注方式。英文的析出文献篇名等同于论文篇名,也是用双引号(""),而著作名用斜体(如例 5)。

第三，对于未出版的硕士或博士论文，要注意标注的单位一般是大学或研究机构名称，即学位授予单位名称（如例3中的“华东师范大学”），还要标示出是学位论文（如例3中的“博士论文”）。英文的学位论文同样采用这一原则。对于已经出版的博士论文，标注方式就按著作类标注。

第四，对于参考词典中的词条内容，先写出这一词条名称，再完整标示出词典的所有信息。如例6是音乐中常用到的《新格罗夫音乐与音乐家辞典》，词条名称是“Violoncello”，后面标明该词典的完整出版信息，包括期卷号（如例6中的“vol. 26”）。

## 三、一些特殊文献及情况说明

对于报刊类的一些文章标注，同样首先要标示出作者名和文章名，然后标示出报刊的年月日和版面（如1990年3月6日第5版）。对于一些采访和谈话记录，可采取类似方式标示（如采访于北京，2017年3月8日）。

对于电子文献和网络文献，首先也是标示出作者及篇名等完整信息，然后再标示出网址信息，即研究者最近登录进去的网络地址。如http://www.xzbu.com/1/view-10074438.htm。

对于来自会议论文集的析出文献，作者可能不是个人，而是一些学会名称，如“中国音乐评论学会”，其他标注信息仍然要涵盖齐全，包括论文集的名称和年份。对于由集体编写的著作或辞书等文献，作者也可能是机构名称，如“中国大百科全书编辑委员会”“中国社会科学院哲学研究所”等。

对于古籍、辞书的引用，尽可能采用整理的新版本文献（如《二十四史》）。引用马恩列斯经典著作，以及毛泽东、邓小平等领袖的著作，一定要核对原文，尽量采用人民出版社的最新版本。①

对于实在找不到或难以考证的文献作者，采用“佚名”标注，对于实在不能确认的其他信息，只能采用“信息不详”标注。对于出版社或出版者，可以按信息源所载的形式标注，也可以按国际公认的简化形式或缩写形式标注，比如诺顿出版社（Norton）。

发表论文一般通过脚注或尾注之后，就不再在文后标注参考文献了（有些刊物要求除外），但学位论文（及专著）除了脚注或尾注之外，还必须在论文最后再次标注参考文献，即参考文献单独全部排列起来，要按作者姓名拼音字母顺序排列，研究者要统计出论文所有用到的参考文献，原则上就是文章中有注释的地方出现过的参考文献的总和。注意此时参考文献的标注可以不用页码或页码范围，其他信息同注释中的标注。

特别值得注意的是，在既有注释，又有参考文献的论文（主要是学位论文）中，会遇到一个常见的现象，即注释和参考文献的数量不一致。而原则上注释和参考文献数量是一致的，即论文中引用到的或参考的内容既然都已标注，那么参考文献就是再统计一遍。但很多情况下，参考文献常常多于注释中的文献（不算注释重复的文献和作为解释说明的注释②），这时要警惕，很有可能是研究者采用了“模糊参考”的方式，要么是在文章中出现了“无意识抄袭”，参考了别人的观点而没有标注，要么是自己搜集资料时找了一大堆参考资料全部列上，实际上并未参考和采用，

---

① 中央音乐学院学报编辑部：《〈中央音乐学院学报〉2018年稿约及著录规范》，《中央音乐学院学报》，2018年第1期，第159—160页。

② 注释在本书中的含义常常是指引用文献标注的参考文献内容，也可能是对文章中提到的某一个概念或现象进行的进一步的解释说明。作者认为对有些文字内容的解释如果作为正文来处理，会使原文中其他更重要的观点表达和语言连贯受到影响，显得累赘，因此作为注释说明来处理。这时的注释就相当于一个解释，可能是没有参考文献的（比如当下的这个注释就是一个解释说明），当然也有与引用文献有关的解释说明，则注释中会同时出现文献的信息和说明的文字。

是“虚有其表”的参考文献。这两种情况都要避免。正如前面所提到的，参考文献的意义就是学术规范的意义，因此参考文献几乎要一一对应论文中的直接引用和间接引用（所谓“参考”）的位置，只有这样，参考文献和注释中的文献数量才可能是一致的。

总之，这里列举的都是论文写作中非常容易犯错的文献标注问题，有些看似不经意的细节，实际上却是一种“规范”的体现，建议研究者在理解文献标注要求的基础上，可采用“依葫芦画瓢”的方式来标注参考文献。所谓“依葫芦画瓢”是指，研究者可以参考本书列举的文献标注示例，也可以参考自己所需要投稿的期刊近期发表过的论文标注方式，因为不同的期刊在标注文献的体例上有一些小的差别，但标注的原则是一样的。对于学位论文，按各个学校对学位论文的规范要求参照执行。无论文献标注的格式如何（当然这里只提供了一种可供参考的规范），其核心精神都是“信息齐全”。这既是对所引用的文献原作者的尊重，也是为想进一步了解和阅读参考文献内容的读者提供方便，更是研究者一种良好的研究态度和研究精神的体现。

## 第三节　其他规范情况

### 一、常用标点符号用法

“标点符号是辅助文字记录语言的符号，是书面语的有机组成部分，用来表示停顿、语气以及词语的性质和作用。”①论文中的标点符号在语

---

① 新闻出版总署科技发展司、新闻出版总署图书出版管理司、中国标准出版社编：《作者编辑常用标准及规范》（第三版），北京：中国标准出版社，2011 年，第 56 页。本节标点符号内容参考该书中的“标点符号用法标准”中部分内容，第 56—61 页。本书仅对论文中运用较多且容易用错的标点符号进行略微讲解，并未列举所有标点符号。

言逻辑、句子衔接和意义连接等方面起着重要的作用。

首先看使用最多的句号、逗号和顿号。表述一个完整的句子的结束时,用句号结尾。表示在一个完整的句子中间的停顿,大多数情况下是用逗号。容易出现的问题是"一逗到底",即在一个很长的段落中一直使用逗号,而无句子结束。如果一个段落已经是由好几个意义的句子组成,而中间又没有出现句号,就会造成意义上的模糊,产生逻辑上的问题。同时,由于口语中没有出现标点符号,说话人停顿的长短就表明了意义之间的联系。而出现在书面语中的语言停顿,如果没有句号结束,就好像阅读者一口气阅读的文字超过了自身呼吸的能力,会产生无法呼吸的感觉。如果是复杂的复句内部,逗号会相对多一些,用到好几个逗号,才会出现一个句号。顿号用在句子内部小于逗号的词语之间的停顿中。顿号连接的词语通常是并列关系的词语,多用在形容词修饰成分中。例如,材料丰富、情绪多变、色彩斑斓的主题。

使用逗号表达句子中间停顿的情况主要有以下几种。

1. 主语太长,可以用逗号分隔主语和谓语。例如:

拉赫玛尼诺夫风格成熟时期最重要的一部代表作品,是作为杰出钢琴家试金石的《第二钢琴协奏曲》。

2. 需要强调的一些动词和宾语之间可以用逗号分隔。例如:

需要特别引起注意的是,研究者只有用实事求是的精神去对待文献引用和参考问题,才能避免抄袭现象的发生。

3. 对于起补充说明意义的状语或过长的句子结构内部,可以用逗号分隔。例如:

在一个具有纪念意义的夜晚，他邀约了十几个好友，来到他的住所，举行了一场小范围的私人音乐会。

4. 各种不同类型的复句内部，通常用逗号分隔。例如：

虽然斯特拉文斯基称他的音乐是抽象的情感意向的表现，但是很多听众聆听的时候仍然感受到很具体的情感内容。

其次是分号的运用。分号是运用于句号内部，表示并列关系的句子之间的停顿。这时分号的意义是介于逗号和句号之间的标点符号，比逗号具有更明显的不同层次的意义分隔，比句号更具有保持句子内部联系的不间断功能。例如：

一方面，音乐旋律的构成与和声的构成密不可分，常常要考虑到和声低音进行之上的和声效果；另一方面，旋律又是作曲家塑造情感起伏，表达内心意图和走向的有效手段，是给人印象最深的音乐语言。

在这个句子中，分号与具有标识性的结构表述语言“一方面”“另一方面”结合使用，表达两个并列的意思，当然也有可能是相反的意思。同时，分号分隔的句子合起来又表达的是一个完整的句子意义。可见，分号使句子内部的意义或段落内部的意义更有层次，更清楚。分号的这种意义和功能，有时也会被另一种方式取代，那就是前面我们曾经在论文结构部分讲过的分点论述。比如类似“第一”“第二”“第三”这样的引导词语引导的句子关系，一般运用在更大的结构中。而分号所运用的结构相对比较小。此外，如果是在一些描述性很强的段落中采用排比句式，分号也是一个很好的选择。

再是书名号。书名号有双书名号(《》)和单书名号(〈〉)。书名、文章的篇名、报刊名等要用书名号标示。在文献标注部分曾提到过,书名号是中文语言中特有的标点符号,英文中没有,所以切忌在英文中使用中文的书名号。例如《The Performance Studies》这类用法是非常常见的错误用法。正确的用法是 *The Performance Studies*,等同于中文书名号形式表示的英文名称,采用"斜体"表示,而不是给英文加上书名号。

当书名号内部还要用到书名号时,外面一层用双书名号,里面一层用单书名号,这是一种特殊的书名号嵌套形式。例如:

> 《音乐表演表现力的多维视野——以〈梦幻曲〉的几个视频演奏版本为研究个案》。

上面这个例子中外面一层的双书名号表示这是一个被引用的文献的篇名,里面一层的单书名号表示作品名称(如果没有外面一层,则《梦幻曲》作为作品名称时也用双书名号)。

这里涉及音乐论文中出现较多的作品名称的标点符号问题。作品名称也相当于"著作"和"篇名",因此中文中也采用书名号表示。同理,英文中的作品名称采用"斜体",而不用书名号。比如中文的贝多芬《第三交响曲》,英文是 *Symphony No. 3*,或 *Eroica Symphony*,但中文论文中要把英文(或外文)翻译成中文,并用括号标注外文原文。例如上述名称可书写为贝多芬《第三交响曲》(*Eroica*)。再比如,舒伯特《冬之旅》(*Winterreise*)。此外,对于很多有作品号的作品,要把作品号标示出来,同时也可以用带调性的作品名。例如,巴赫《英国组曲》第一首 BWV 806(*English Suites No. 1 BWV 806*);莫扎特《D 小调第二十钢琴协奏曲》K. 466(*Piano Concerto in D Minor No. 20 K. 466*)。

引号的运用。引号和书名号类似，有双引号（“”）和单引号（‘’）。文章中直接引用了别人的话或引用了原文，就要用双引号（“”）标示。完整地引述一句话时，句号在引号内部；如果引用内容是作为短语或插入性的表达，则标点符号在引号外部。例如，①培根说：“知识就是力量。”②培根所说的“知识就是力量”早已经被证明是正确的。

引号也可以用于强调论述的对象，例如，“抄袭”是一个很严重的学术道德问题。

引号里面还要用到引号时，外面一层用双引号，里面一层用单引号，这个原理等同于书名号的原理，是一种引号的嵌套。例如：

> 笔者在《中外音乐表演理论研究进展及比较和评价》一文中说：“塔鲁斯金以历史批判的眼光，把‘真实性’置于审美现代性之中，提出的‘真实性’乃兴起于现代主义观念又存在于后现代当下语境中的一种对历史再创造的观点，具有历史和哲学的双重深度。”[①]

破折号的运用。破折号（“——”）主要用于解释说明的语句，破折号后面的内容和前面的句子一般共用一个主语，解释说明的内容通常是起强调或进一步说明的作用。例如：

> 每一部艺术作品都只有一个真正的版本——属于它本身的，独特的那个版本。[②]

---

① 高拂晓：《中外音乐表演理论研究进展及比较和评价》（上），《中央音乐学院学报》，2011年第3期。

② Heinrich Schenker, *The Art of Performance.* Translated by Irene Schreier Scott, New York: Oxford University Press, 2000, p. 77.

破折号也可以只用逗号分隔开来，只是用逗号代替破折号，会削弱原本强调的意味。

省略号的运用。省略号（“……”）比较常见于引文的省略，研究者从文献中摘取重要的内容时有所省略，只希望引用重要的语句。例如：

科恩说：“任何有效的诠释……都不仅表现着对某种理想的接近，而且象征着一种选择：到底作品中所暗示的什么样的关系应该得到强调，并清楚地表达出来呢？”①

省略号有时用于列举的省略，相当于“等”或“等等”。例如：

浪漫主义时期的作曲家有舒伯特、舒曼、肖邦、勃拉姆斯、李斯特……

## 二、其他常用规范

首先，译名规范、统一。除了标点符号之外，在音乐论文的写作中，由于涉及大量外国人名（如作曲家）和地名，外文翻译成中文时（中文论文中凡涉及外文名称均要求翻译成中文，同时附上外文原文）的译名不统一现象是一个非常常见的现象。比如，对于大家非常熟悉的作曲家，像巴赫、贝多芬、莫扎特等著名作曲家，几乎已经成为习惯用法，也不会产生歧义。但研究者在查找文献和阅读的过程中，仍然能够看到，还有一些以前的翻译著作版本中出现“毕多芬”“贝朵芬”“莫差特”等译名，都是不规范的译名（地名的翻译也存在同样的问题）。对于这类通用的译名，建议采用大家公认的翻译；对于相对较为生僻一些的人名地名，建议查询《世界

---

① Edward T. Corn, *Musical Form and Musical Performance*. New York: Norton, 1968. p. 34.

人名翻译大辞典》[①]和《世界地名翻译大辞典》[②]进行校正。同时,附上外文原文也是为了避免翻译不统一问题造成歧义。对于人名问题,前面曾经讲到过标注中的姓名格式问题,这里要注意,外国人名翻译成中文时有间隔符,即中间一个小圆点,如约翰·林克。对于众所周知又不会有歧义的人名可以只用姓氏,很多有名的作曲家我们都只是采用了姓氏作为人名,比如贝多芬的原名是路德维希·凡·贝多芬(Ludwig van Beethoven),实际上贝多芬是姓。但是对于同姓的一些作曲家,有时就需要写出全名(包括姓名)。比如在没有特殊说明的情况下,巴赫指的是约翰·塞巴斯蒂安·巴赫(Johann Sebastian Bach),但由于巴赫是一个姓,而且还是一个很大的家族,因此,如果是其他巴赫家族成员,就需要表明全名,如约翰·克里斯蒂安·巴赫(Johann Christian Bach),这是巴赫最小的一个孩子,是古典主义时期的一位作曲家,由于生活在英国,也被称为"伦敦巴赫"[③]。在外文翻译成中文的人名地名翻译规则中,一般按照该国语言的读音来音译,这是一个可以遵循的普遍规则。比如 Alexandria 翻译为"亚历山德里亚",Boston 翻译为"波士顿",Brown 翻译为"布朗",Jackson 翻译为"杰克逊"等。

其次,数字使用要规范。数字使用主要涉及阿拉伯数字和汉字数字。什么时候用阿拉伯数字,什么时候用汉字数字,很多研究者在写作中也是比较混乱的。这里给出一些常用的参考原则。[④]

使用汉字数字的情况主要有:1. 定型的词、词组、成语、惯用语、缩略语或具有修辞色彩的词语中涉及的数字要用汉字。比如,一律、一方面、

---

① 新华通讯社译名室编:《世界人名翻译大辞典》,北京:中国对外翻译出版公司,2007 年。

② 周定国主编:《世界地名翻译大辞典》,北京:中国对外翻译出版公司,2008 年。

③ 参考维基百科词条,https://en.wikipedia.org/wiki/Johann_Christian_Bach.

④ 参考"中华人民共和国国家标准之出版物上数字用法的规定",新闻出版总署科技发展司、新闻出版总署图书出版管理司、中国标准出版社编:《作者编辑常用标准及规范》(第三版),北京:中国标准出版社,2011 年,第 47—49 页。

十滴水、星期五、八国联军、五四运动、四书五经、十月革命、七上八下，等等。2. 中国干支纪年和夏历月日要使用汉字数字。比如，腊月二十四日、正月初六，等等。3. 含有月日简称表示事件的数字要用汉字数字。比如七七事变、“一二·九”运动，等等。4. 相邻的两个数字并列连用表示概数，必须使用汉字，连用的汉字数字之间没有标点符号。比如，一两个小时、五六个月、三四米、二三十吨、八九十种，等等。5. 带有“几”字的数字表示约数，必须使用汉字数字。比如，几千年、十几天、几十万分之一，等等。6. 用“多”“余”“左右”“上下”“约”等表示的约数一般使用汉字数字。比如，约两千名会员、四万多张、三十左右，等等。

使用阿拉伯数字的情况主要有：1. 表示一组统计数字的数值，正负数、小数、分数、比例等。比如，56、-123、20%、3∶10、27 个、300 人，等等。2. 公历的世纪、年代、年、月、日，都是用阿拉伯数字。比如公元前 5 世纪、20 世纪 60 年代、2015 年 12 月 26 日，等等。3. 表示时间的时、分、秒使用阿拉伯数字。比如，12 时 16 分 20 秒，等等。4. 物理量必须使用规范的计量单位和阿拉伯数字。比如，800 克（800g），37 摄氏度、20 厘米，等等。5. 非物理量表示数量单位，一般情况下也使用阿拉伯数字。比如，65.8 元、360 美元、800 英镑、35 岁、600 名、12 个月，等等。

再次，要特别注意杜绝错别字。错别字是语言运用能力问题，自然也是规范问题，试想一篇毕业论文或是发表论文中如果到处都是错别字，会给人一种什么样的印象（论文发表中期刊责任编辑的一部分职责就是去除错别字）。随着电脑和手机等工具的普及，人们正在失去手写汉字的习惯和能力。借助这些现代工具，人们能更便捷地运用文字，电脑和手机输入法也常常会自动校正一些常用的词语、词组和成语。但这并不是万能的。对于很多中国的成语、习语、固定表达，甚至具有文化意涵的词语，还需要研究者在写作时留心，平时阅读中应该多积累，遇到不太明确的，要勤于动手查字典，比如权威出版社出版的最新的《新华字典》或《成语词

典》等等,尽量避免错别字的出现。比如:

错误:山青水秀　正确:山清水秀

错误:再接再励　正确:再接再厉

错误:亲睐　正确:青睐

错误:裹腹　正确:果腹

错误:一幅对联　正确:一副对联

错误:认罪服法　正确:认罪伏法

错误:化妆舞会　正确:化装舞会

更重要的是,对于中国的汉字词语和词组的运用要从文化和意义上去理解,因为很多词语都是有一定的文化内涵的,比如上述举例中的"青睐"不是"亲睐",不是因为"亲切"而喜欢,而是通过用眼睛去注视表明很喜欢的意思,"青"指的是"眼睛"。再比如"化妆"和"化装"两个词语都是对的,但要看用在什么场合。"化妆"指面部的修饰,而"化装"是全身的修饰,因此用"化装舞会"表明是全身的修饰。类似这种情况还非常多,研究者在写作时只有注意用词的意义,才能更准确地运用语言。另外,既然文字有修饰思想的功能,在平时的学习过程中,可以多积累一些成语,写作时运用成语来表达一些关键的意义,也会使语言更加丰富并增加文采。当然,论文不同于其他记叙文或散文等文体,在运用语言时主要仍以简洁清晰为主。

## 第四节　学位论文规范

从研究的角度,学位论文和一般发表的论文,没有太大差别,但是学位论文从格式到体例上都比一般论文要求更多。① 中华人民共和国国家标准中的“学位论文编写规则”，对学位论文有一定的规格要求。在遵循国家标准的基础上，每个学校对自己研究生的学位论文也有自己的一些相关要求。这里，结合“国家标准”②和“中央音乐学院研究生学位论文写作规范”③进行一些讲解。

国家标准：

> 学位论文：作者提交的用于其获得学位的文献。
>
> 博士论文：表明作者在本门学科上掌握了坚实宽广的理论基础和系统深入的专门知识，在科学和专门技术上做出了创造性的成果，并具有独立从事创新科学研究工作或独立承担专门技术开发工作的能力。
>
> 硕士论文：表明作者在本门学科上掌握了坚实的基础理论和系统的专门知识，对所研究课题有新的见解，并具有从事科学研究工作或独立承担专门技术工作的能力。
>
> 学士论文：表明作者较好地掌握了本门学科的基础理论、专门知识和基础技能，并具有从事科学研究工作或承担专门技术工作的初

---

① 目前，音乐表演专业的学位论文要求的字数不多，研究型的硕士要求字数在 1 万字以上，表演型的硕士要求字数在 5000 字以上。从研究的角度也是发表论文的角度，1 万字左右的论文字数是比较合适的要求，太少的字数不足以把有分量的论题论述清楚。笔者认为，5000 字的论文字数要求太少，鉴于这个要求也是一个下限，建议表演专业的论文写作在 8000 字以上。此外，目前我国一些音乐学院即将开启表演专业的博士学位，那么对论文的具体要求应该如何还并不明确，但作为高学历的学位论文，希望其要求一定是有较高规格和标准的。

② 参考中华人民共和国国家标准之“学位论文编写规则”，新闻出版总署科技发展司、新闻出版总署图书出版管理司、中国标准出版社编：《作者编辑常用标准及规范》（第三版），北京：中国标准出版社，2011 年，第 467—476 页。下文所指的“国家标准”参考此规则。

③ “中央音乐学院研究生学位论文写作规范”针对硕士和博士研究生，出自中央音乐学院研究生部编：《研究生教学管理手册》，内部发行，2017 年，第 30—37 页，下文所指“中央音乐学院要求”参考此规范。

步能力。

中央音乐学院要求：

1. 论文应由研究生在导师指导下独立完成，且不能以在读期间该生导师及其作品作为学位论文研究对象。

2. 论文的选题和所研究的内容应在学术上有一定的理论意义和实际意义。

3. 硕士论文要求对所研究的课题有新的见解，博士论文要求对所研究的课题有系统性、成果性创见。

4. 学位申请人对论文所涉及的研究课题，应具有较为坚实的理论基础和专门知识。对前人在相同或相似课题上已经取得的研究成果应有比较全面的了解和认识。

5. 申请人应掌握论文研究课题所必须的研究方法和技能。

6. 论文的论据要充分翔实，所用材料须正确可靠。

7. 论文的词句要精练，条理清晰；陈述和论证要有逻辑性；谱例图表运用要准确、恰当。

8. 论文中所有引用他人的词句，必须作相应的注释。引用文字与作者本人文字之间应当保持合理的平衡，避免过度引用。参照《高校人文社会科学学术规范指南》，过度引用指的是引用他人文字超过自己的论证，或主要观点和论据以引用为主。若以综述或转述的方式引用他人的观点或研究成果，必须以注释的方式引证原文或提供原著作名称及相应的页码。对引文的注释内容至少应包括作者姓名、著作名称、出版社或期刊名称，出版或发表的日期和页码。

9. 凡大量引用他人词句而不加引号和注释的，均可视为抄袭行为。

10. 参考书目应列出作者姓名、著作名称、出版社名称、出版时间。中国古代文献要注明版本来源和出处。

11. 申请人所编著的教学参考书、校注、读书报告和对自己作品的分析研究等,均不得作为学位论文提交。

上述标准和要求,本书在前面各个章节的论述中都涉及了,并给出了详细的分析、建议和注意事项。中央音乐学院要求中特别强调注释和引用问题,也是本书在前面所重点强调的规范,并给出了如何避免抄袭的一些要点。学位论文与一般发表论文在相同的论文写作规范基础上,需要注意的是多出来的一些在形式结构上的规范要求。

封面:学位论文有封面的要求,这个要求每个学校有自己的格式,并带有学校校标。题目字体要醒目,以不超过 20 个字为宜,可采用正标题和副标题的形式。标题要具有问题意识,要严谨而不要重复表述。标题一定要特别注意避免不规范的外国作曲家名称和作品名称,前面已有讲解,不再赘述。封面要包含作者姓名、导师姓名、学位授予单位的名称等完整的信息。

原创性声明和论文使用授权说明。这是为了维护学校、导师和研究者的合法权益所规定的一项目前几乎在所有研究生论文中都有的一项内容,作为封二,用单独一页呈现,格式由每个学校自己拟定。这一项内容需要导师和申请学位的研究生共同签名,确认论文的真实性和原创性。

摘要和关键词。学位论文的摘要单独成页,写作要求本书前面已进行过讲解。需要注意的是摘要应该客观而又简明扼要地概括论文的主要内容和观点,不要加入研究意义及主观的评价性语言,字数根据文章的规模有所不同,一般要求 150 ~ 300 字。关键词同一般发表论文。

目录。学位论文有目录的要求,而一般发表论文没有。目录单独成页。目录的要求根据论文的规模来定,规模相对较大的学位论文(如上万字的论文),目录和结构层级可以采用章节形式,比如第一章、第二章、第三章。章下采用第一节、第二节、第三节。节下采用一、二、三。对于规模相对较小的学位论文(如几千字的论文),可以不用章节,直接采用一、二、三。层级结构的先后顺序是汉字数字、带括号的汉字数字、阿拉伯数字、带括号的阿拉伯数字。比如,一、二、三,(一)(二)(三),1. 2. 3. ,(1)(2)(3)。具体到哪一级,由文章规模决定,一般不超过这里所举例的层级结构。

正文。学位论文的正文写作要求与一般发表论文相同。但是需要注意的是,在规模较大的学位论文中,引言(或前言,或绪论)的写法,与一般发表论文有些差异。学位论文的引言部分要对该课题的研究现状和研究意义进行一定篇幅的阐述。此外,学位论文的结论部分通常也是单独一页,明显标示出“结论”部分,写法同本书前面的论述。

注释和参考文献。对于注释和参考文献规范,前面也已经进行了详细举例和讲解。需要特别注意的是,对于学位论文,除了对文中直接引用或间接引用的文献进行标注以外,在文章结论之后,需要单独列出“参考文献”,一般按中文和英文进行分类编排,而不是混合列举。中文按作者姓名的拼音字母顺序依次排列,英文按西文字母顺序依次排列。

附录。附录是学位论文可能用到的部分,而一般发表论文没有(特殊情况除外)。对于不适合放入文中的一些内容,比如比较重要的与论文有关的翻译采访的文本,作曲家的手稿,术语解释、大型的谱例等资料,可以作为附录附在论文之后。附录不算正文字数。

后记(或致谢)。这是一般发表论文没有,而学位论文(或专著)专有的一部分。这部分主要是感谢导师和对论文有重要贡献和帮助的人士。致谢应该真诚,实事求是。亲朋好友等与论文无直接关系的人员一般不列入致谢范围。后记也是单独成一页。

打印编排格式。这一项规范一般不是研究者考虑的,可由负责论文编排的人员按统一要求来调整。但作为作者，应该在论文写作过程中尽量遵循文字美观大方（如一般正文用宋体小四号或五号字），段落清楚明确，标题或次级标题及分点论述的抬头等内容，可采用比正文大一号的黑体等字体与正文相区别。不要采用特殊怪异的字体。

开题报告。开题报告不属于学位论文的内容，但是开题报告是学位论文写作之前的一个很重要的过程。很多学校对于研究生的学位论文都安排有开题报告这一环节。开题报告是研究生阐释自己的研究课题设想和步骤，接受学科专业内导师团体的审核，以保证论文研究质量和水平的重要环节。开题报告不仅能集中集体的智慧为研究生的研究课题出谋划策，而且能使研究生得到很好的学术锻炼。开题报告也是本书中第一章讲到的思考和研究的雏形，是第三章中涉及的论文篇章结构布局的蓝图。更重要的是，开题报告以研究者陈述，同行专家及导师提出意见或置疑，对研究者的设想进行“会诊”的形式，能够使学位论文的写作在开始之初就避免很多问题，比如选题重复，选题的可行性欠佳，研究者研究的思路不够清楚，理论观点和材料运用不恰当，等等。总之，做好开题报告，能使学位论文的写作更顺利地进行。开题报告字数不限，但一般要包含以下内容。

1. 选题的依据，研究的对象，论文研究的理论意义和实践意义。

2. 国内外对该论题的研究情况、水平及发展趋势综述。

3. 论文的基本内容、框架结构（列出详细目录）。

4. 论题拟采用的研究方法和手段。

5. 研究的重点、难点，以及解决的方法和评估。

6. 论文写作的具体日程表和写作计划。

7. 参考文献。

第一点内容是研究者对自己选题初衷的描述，把自己为什么要选择这个研究题目的真实想法简要描述，比如，如果是选择研究某一部作品，通常是感动至深的作品，仰慕的作曲家的作品，可以简要陈述原因。不要大篇幅介绍作曲家和作品，或放入不相关的其他内容。第二点是文献综述，前面讲过，这里需要研究者仔细阅读在搜集资料的过程中搜索到的重要文献，进行归纳总结和评价，并提出自己的研究设想。在开题报告时，这部分内容的写作，可以直接用到之后学位论文正文的引言部分。第三点要求列出目录，目录是研究者思路的展现，只有思路清晰，才可能列出有逻辑和条理的目录。为了更好地获得专家的指导，研究者所列的目录要尽可能详细，不要笼统。因为越详细的目录越能反应研究者的思考层级，越能暴露问题所在，专家指导时才能看出问题。第四点要求研究者明确研究过程中可能采用的研究方法，一般人文科学的论文写作，文献归纳总结、调查采访等是常用的方法。第五点要求研究者对自己的论文写作过程有清楚的认识，主要是哪些地方是写作中比较困难的部分，是知识结构不足，还是文献缺乏，等等，有了这种认识，研究者才会有意图地想办法去解决，对于重点难点部分有的放矢。第六点要求写作过程有计划、有步骤。不要忽视这个过程的重要性，写作“拖延症”对于有经验的研究者都是一个问题，更别说缺乏经验的研究者。按照一个时间表有计划地写作，在给自己一些写作压力的同时，也使任务难度适度分解，不至于最后因为时间紧促而随意拼凑。研究者可对较难写的部分安排较长的时间。第七点是呈现研究者资料搜集的情况，需认真对待。开题报告阶段所列的参考文献不用具体到页码，但其他信息要齐全。文献要紧扣选题。这个阶段的参考文献可以适当宽泛一些，最后并不一定能都用上。研究者若有参考文献方面的疑问，要抓住开题报告环节，寻求有经验的专家的指导，向导师和参加开题报告的专家学者咨询，为论文写作扫清障碍。

# 第六章　学习与创造

论文写作是一个漫长的学习过程，对于每个人来说，这个过程可能都可以追溯到语文课——从对汉字的认识，到遣词造句，再到命题作文以至学位论文的写作。阅读是写作的基础，思考是写作的动力，每一个写作者都是在阅读了大量文章的基础上进行思考，然后才开始写作。研究者从这个过程中学习并获得经验，随着经验的增加，逐渐掌握论文写作的方法、规则和模式。真正的论文写作是研究，是创造性活动。学习与创造是论文写作的永恒特质。

## 第一节　学习的方法

学习论文写作最直接的方法就是阅读论文（已经发表的有一定质量的论文）。一个研究者可以通过阅读大量的论文学习到很多有关论文写作的知识。更重要的是，积极主动地带着思考阅读论文，研究者得到的收获是多方面的。有思考的阅读应该注意以下几个方面：第一，学习如何根据一篇论文的题目建立文章的结构要点。任何一篇论文都应该逻辑清楚、结构清晰，论点、论据、论证合理、充分。从文章的结构要点可以看到作者的写作思路，阅读中要注意论文的各个结构要点之间是什么关系，比如是并列关系还是递进关系，作者为什么要从这几个方面进行论述，等等。第二，学习作者运用了哪些材料去阐述每个观点。这些材料可能包括已有的文献资料、一些谱例的分析、一些数据的说明。要学习作者是如何运用这些材料的，比如是每一次都运用各种类型的材料，还是在不同的部分运用不同的材料,等等。第三,学习作者分析和阐述材料的过程。比如,作者是采用叙述性的思路分析材料,还是通过对比、比较的方式分析材料,或是摘引名人观点等。第四,针对论文中某个自己最有兴趣的部分,或自己最熟悉的部分,提出质疑,通过批判的方式提出反面意见,并试图寻找答案,来训练自己的思考能力,逐渐在阅读中建立自己的观点。

可见,随着学习的深入,有思考的阅读走向了批判的阅读。那么,在何种程度上运用这种批判的方式阅读呢? 正如前面所说,针对某个自己最有兴趣的部分或自己最熟悉的部分。因为在这样的部分,较容易避免因阅读者的知识能力不足,而武断地判断作者的观点;同时,能够更好地通过阅读,使别人的研究与自己的兴趣产生碰撞,摩擦出新的思想火花,使某一个问题得到进一步深入的思考和研究。这也是促发研究者兴趣的一种方法。

批判阅读是有相当难度的。首先,批判阅读需要阅读者有与正在阅读的论文相持平的知识结构水平,或者有丰富的写作经验和学术视野,只有这样才有可能针对其中的某些观点进行反驳。所以笔者主张,对于缺乏经验的研究者,从自己最擅长的方面入手,是开始的第一步。对于所要批判的部分,一定要仔细思考,全盘考虑,注意文章的上下文,不要断章取义。其次,也不要因为自己的经验不足而不敢质疑。每个人都从各自的角度看问题,并建立自己的思考逻辑,有时候所谓"当局者迷,旁观者清"的现象在论文中是很常见的。所以,作为一个批判的阅读者,只要是经过仔细思考的,有一定知识基础能力和专业水平的,都可以大胆地提出自己的疑问。更重要的是,要为质疑寻找可能的答案。这个过程会让研究者获得比单纯阅读论文更多的收获。再次,批判阅读应有"度"。在很长一段时间的学术研究中,我们的研究者缺乏批判意识,容易崇拜大师,迷恋"名人名言",我们的学术训练也缺乏批判精神的训练。西方学界在这一点上有较早的认识,有历史传统,因此在学生时代的学术训练中,就很强调批判(critique)意识的形成,强调辩论(argue)。但是,在经历了一段时期之后,特别是在学术多元化发展和跨学科发展的今天,他们也感觉到这种批判意识有时候有"为批判而批判"的嫌疑,导致"鸡蛋里挑骨头",或过分"吹毛求疵"。丽塔·菲尔斯基(Rita Felski)在《批评的局限》第五章《讨厌的语境》中主张"后批判性阅读"(post critical reading),认为"后批判性阅读"并不是"无批判性阅读"(not uncritical)。"后批判性阅读"主张"行为者网络理论"(actor - network theory),即"阅读者"和"文本"之间是"共同行为者"(coactors)关系,"阅读者"是关系网络中的一部分。"阅读"本身就是这个网络的建构,是一种"附加""整理""谈判""组合",而不是简单的"批判"过程。① 丽塔所主张的这种处理"阅读者"与"文本"关系的理论无论是出于在什么"语境",对于一个缺乏经验的研究者来说,都是非常有启发的——不盲目批判,而是把自己的思考和研究兴趣与论文作者的某些观点相匹配,碰撞出思想的火花。

此外,论文写作的学习可以参考论文写作方面的指导书或参考书。国内近年翻译出版了著名的《芝加哥大学论文写作指南》②。这是美国芝加哥大学的论文写作指导教授凯特·L.杜拉宾,结合数十年来对学生论文写作的指导工作和论文格式规范的研究经验,于20世纪30年代首次出版的论文写作参考书,长期以来广泛地被全美乃至全球学生、教师及研究者使用,至今已出版了八版。当然还有一些其他有关论文写作的参考书,甚至是所谓的"技巧"或"捷径"之类。音乐类的论文写作参考书也有一些,不多。但到目前为止,音乐表演专业论文写作方面的问题,一直没有得到很好的解决。因为音乐表演专业的论文,在遵循音乐学论文,甚至

---

① Rita Felski, *The Limits of Critique*, Chicago and London: The University of Chicago Press and London, 2015, pp. 151—185.

② 〔美〕凯特·L.杜拉宾:《芝加哥大学论文写作指南》(第八版),雷蕾译,北京:新华出版社,2015年。

人文社会科学研究的论文基本规范要求的基础上，有自身的特点，有时很难套用其他学科论文的写作模式。本书在序言中就指出，音乐学不同的专业方向的论文写作思路和方法都很不一样。要想为大量表演专业的老师和学生提供一种通行的论文写作参考标准是非常困难的。笔者希望本书能够为这样的群体提供一些帮助。

然而，众所周知，除了阅读优秀论文和一些论文写作参考书的学习方式之外，论文写作很难“自学”。也就是说，仅仅通过阅读别人的论文和懂得写作技巧，很难真正学会写作，或者把论文写好。笔者认为，论文写作必须在“实践”，在亲力亲为地“写”的基础上，得到“论文批改”，才能有所提高。所谓“论文批改”，有这样几层含义：

第一，通过导师或论文指导教师获得论文指导。这是学习写作最通行的方法。学生的论文写作，一般由导师或论文指导教师进行指导，学生要利用论文指导教师的论文课或与导师沟通和交流，得到论文写作方面的指导。比如在写了初稿之后，要积极听取指导教师的意见。只有在得到有经验的教师指导的基础上，一个研究者的写作水平才能不断提高。而如果没有人提出意见，研究者永远不知道写作中存在的问题是什么，不足之处在哪里。同时，本书前面曾经提到，作为学位论文，开题报告的环节是得到多位老师提意见的好机会，因此，学生要有效地利用开题报告的机会认真吸取专家教授们的指导意见。

第二，通过同学之间互相批改，相互提高。这种方法在国内很少采用，但是在国外大学论文写作训练中却被用到。比如美国芝加哥大学针对研究生的论文写作课，分为几个部分：一是教师讲解写作方法，二是学生写作之后与指导教师约见获得指导，三是学生练习写作之后相互批改和讨论。相互批改的方式使学生从写作者变成阅读者，甚至编辑者，按照论文写作的诸多规则来审视写作问题。不难理解，我们在批改别人作业的时候容易发现问题，在自己写作的时候却不容易发现，因此通过角色转换，更能使自己意识到问题所在，懂得如何写作。

第三，自我修改。论文写作不是一次性完成的工作，从初稿到最终定稿需要多次打磨。有经验的研究者大都遵循这样一个过程：先拟定一个大致的提纲，然后按步骤写作，写成初稿之后，放置一段时间（比如一个星期），然后再阅读，进行修改。经过几遍修改之后，最终确定为定稿。要注意的是，初稿写作过程中，不要间隔太长时间，因为写作中思路有一个连续的过程，要尽可能在一定时间范围内集中思路，抓住写作灵感，连续写作。但初稿写完之后，不要立即修改，一定要放置一段时间，再审视自己的论文。因为初稿写作过程中，虽然思维持续发展，但很有可能有时因为感性经验过多，而缺乏一些逻辑的构思；也有可能因为思维发展过程受太多冗余信息的影响，文章中容易存在一些重复的内容；还有可能有一些观点的表达或措辞有待更加准确或修饰；甚至一些注释的标注等问题会因为在初稿写作中过于关注内容和结构而被忽略；等等。所有这些问题都需要研究者在自我修改的过程中进一步完善。自我修改要检查论文在逻辑结构上是否清楚，语言表述是否流畅通顺，注释标注是否完整齐全，以至错别字、标点符号等方面是否都已正确。还可以分步骤进行反复阅读和修改。比如，每次阅读重点检查其中一项内容。总之，论文修改的过程实际上是一件艺术品的打磨过程，这种“抛光”的意义常常被很多研究者忽视。只有把自己的论文视为一种创造、一件成果时，研究者才可能用精益求精的态度去完善它，使它完美地呈现出来。①

第四，通过投稿的方式获得修改意见。对于很多发表论文的教师来说，从期刊编辑部的审稿意见中获得修改意见不失为一种提高的途径。这里有两个问题。一是，对于一般的投稿论文，如果期刊编辑部审稿之

---

① 论文写作永远不可能达到完美的程度，有经验的研究者都有这样的体会，每次阅读自己写好的论文，都觉得有要修改的地方，都有不太满意的地方，最终只能暂且达到自己相对满意的程度而停止自我修改。

后，该论文没有通过，不准备采用，就不会联系作者，作者在几个月的时间内如果没有得到用稿通知，就说明该论文没被采用，就可以另做处理了。只有通过审稿，被期刊编辑部认为有意向采用的论文，编辑部才会与作者联系。因此，这个过程中，如果作者想知道自己的论文存在什么问题，有什么不足之处，只能主动向编辑部询问。无论详细与否，编辑部一般都会给出一个对论文的总体评价意见，如果没被采用，作者也能知道差距和原因。二是，如果期刊编辑部有意向采用，但是论文还不够完善，需要修改后采用，那么这种情况下作者就能得到更为详细的修改意见，也能得到更细致的论文写作指导。以笔者工作的《中央音乐学院学报》编辑部为例，对于有意向修改后采用的稿件，都会有详细修改意见，这个意见主要来自二审专家的审稿意见，也会包括编辑部审稿的初审意见。这种情况下，通常有专门的编辑与作者联系，进行沟通，有时会进行多次讨论，反复多次修改，达成一致意见后定稿。这个过程中，一方面，作者能够从专业审稿意见中得到指导，意识到原本没有意识到的一些不足之处；另一方面，审稿意见只是建设性意见，作者不一定完全接受，因为即使是审稿专家，每个人的角度和视野不同，考虑问题的方式不同，因此，有可能会有不同的意见，这时，期刊编辑就会在作者和审稿专家之间进一步沟通和交流，甚至展开学术讨论，直到达成一致。此外，对于有些选题较好，但写作确实不足的论文，审稿专家、编辑和作者之间进行的有关论文修改的过程还会更加复杂，甚至修改好几稿，花费半年到一年时间才能基本完善。但无论是哪种情况，作者都能从中获得使自己的论文有所提高的体验。《中央音乐学院学报》发表的很多论文都是在这样的过程中完成的。当论文发表出来时，很多作者深有体会，与最初投稿时的论文相比，质量有了很大的提高，修改绝对是必要的。同时，在这个过程中，审稿专家和编辑为了论文的质量，付出了大量艰辛的劳动。当然，他们也在这个过程中学习并提高，这是一个相互学习的过程。在这种相互学习的过程中，编辑会不断成长，成为一个有丰富经验的编辑，能够更容易看到一篇论文的优点和不足，对论文质量的判断也会越来越准确。编辑视野，就成为在作者视野和读者视野之外，又一个审视论文的有效方法。高质量的论文写作，实际上是融合“作者视野”“读者视野”和“编辑视野”的写作。

最后，还可以通过参加学术会议来学习。学术会议的发言通常是研究者对自己论文的主要内容进行陈述，在展示自己研究成果的同时，也会得到与会者（听众）的提问和反馈，显然不失为一种很好的学习途径。国际学术界通常把学术会议作为学生（特别是研究生）论文写作训练或学位论文写作训练的一部分。比如，2017 年美国音乐学年会中，每个发言者发言时间总共 45 分钟，陈述时间 30 分钟，回答提问时间 15 分钟，发言者很多是研究生，他们带着自己的论文初稿或雏形（不一定是学位论文）来交流学习，整个过程有时甚至像一个简短的论文答辩。除了会议发言之外，年会进行过程中，会务组还专门安排了论文指导单元，为需要得到论文指导的学生提供专家教授的答疑和指导，几乎可以说会议举办方完全是从学生论文写作的实际需要来考虑会议安排的。国内的学术会议也很多，虽然形式上较国外有些区别，但是主要过程和方式相差无几。不论是教师还是学生，应该多关注学术会议信息，积极参与，把学术会议作为提高自身研究能力和学术修养，进而提高写作水平的契机，从中不断学习，只要有心，写作质量就会不断提高。

## 第二节　例文学习（一）

国内各种音乐类的中文期刊发表过很多音乐表演方面的论文，虽然质量参差不齐，但其中可作为学习者参考的样本也不少，且有些比较好的论文是研究者可以直接作为范文来学习的。考虑到筛选的难度，以及对论文的了解程度，笔者仅从《中央音乐学院学报》近十年（2007—2017）来发表的音乐表演类的论文中挑选一些例子来进行讲解(下面是绝大部分这些论文的题目)。[①]

1.《我对现代筝曲〈九弄〉的二度创作》

2.《〈叶甫根尼·奥涅金〉的抒情性及其表现》

3.《神秘主义——斯克里亚宾钢琴作品及表演的美学问题》

4.《如何成为一名声乐钢琴艺术指导》

5.《圆号演奏的基本构成要素及关系》

6.《净版乐谱的多面性——对巴赫两首长笛奏鸣曲的净版乐谱分析及演奏诠释》

7.《对琵琶演奏"落差"问题的思考》

8.《可视化分析在音乐表演研究中的综合运用》

9.《音乐表演的结构研究——以肖邦〈♭G大调练习曲〉为例》

10.《如何让宣叙调"说得"更美——对宣叙调教学的思考》

11.《孙文明二胡作品的创作与演奏特色》

12.《古典时期钢琴作品演奏中的力度——以贝多芬〈G大调钢琴奏

① 《中央音乐学院学报》是国家社科基金资助期刊、教育部名刊名栏入选期刊、全国中文核心期刊、中国人文社会科学核心期刊、中文社会科学CSSCI来源期刊,是国内音乐类论文发表质量很高的刊物,论文发表的门槛很高,发表出来的论文也常常作为标准被参考和引用。即使如此,从学术研究的角度,表演类的论文,其总体质量与其他学科的论文相比,仍然显得相对薄弱,因为有关表演的论文要达到很高的学术要求确实非常不容易。近年来,学报编辑部利用中央音乐学院在音乐表演领域和理论研究领域的双重优势,积极倡导音乐实践与理论的结合,发表了一系列表演方面的论文。这些论文的发表从选题、审稿到定稿、编辑等环节,凝结了审稿专家、责任编辑和作者共同的心血和汗水,最终发表出来的论文虽然并不是那么完美,但是每一篇都有有价值的研究角度和值得学习的方面,各具特色。笔者暂且从这些论文中挑选一些例子来分析,使学习者能更好地懂得表演论文的写作方法和技巧。由于期刊发表论文常常结合了学校的一些表演活动或学术会议,因此,某些论文并非标准的学术研究型论文,但绝大多数具有较高学术含量,所有的论文都遵循严格的学术规范,属于原创性论文。所列举的论文不包括综述类论文、学术报道,以及有关外国专家讲学的翻译稿文章等。

鸣曲〉为例》

13.《理·施特劳斯的〈降 E 大调小提琴与钢琴奏鸣曲〉——音乐与演奏》

14.《微分音小提琴、中提琴频谱音乐研究》

15.《论〈鲁斯兰与柳德米拉〉序曲的文本、分析与演绎》

16.《音乐表演表现力的多维视野——以〈梦幻曲〉的几个视频演奏版本为研究个案》

17.《〈贝多芬钢琴奏鸣曲〉的记谱问题》

18.《踏出意念——肖邦踏板记号的深层意义解读》

19.《论钢琴缩编谱的演奏》

20.《二胡演奏提琴改编曲之左手指法探究——以〈流浪者之歌〉为例》

21.《〈亚历山大·涅夫斯基〉的音乐表现与表演诠释》

22.《莫扎特〈C 大调双簧管协奏曲〉原貌探秘》

23.《西方音乐表演中有关 Rubato 问题的传统观念与实证研究》

24.《音乐与视觉艺术的结合——德彪西钢琴曲〈金鱼〉诠释分析》

25.《解读拉威尔〈弦乐四重奏〉》

26.《如何更精确地把握圆号演奏中的音准问题》

27.《在钢琴的颗粒性和歌唱性表达方式中探讨音乐艺术的感性逻辑》

28.《从近年来五部歌剧的排演看郭淑珍的教学和艺术成就》

29.《来如雷霆去似江　绛唇珠袖传芬芳——柳琴曲〈剑器〉音乐与演奏解析》

30.《论歌剧演唱中的角色转换——〈茶花女〉中薇奥列塔与〈魔笛〉中夜后的比较》

从上面这些论文题目中，我们可以看到，表演论文的写作是非常多样化的，选题的角度和讨论的问题也非常丰富，归纳起来，大致包含这样几个方面的研究：一是对某一部作品的分析与表演研究，如例 13、15、21、24、29 等。二是对表演中某个问题的研究，如例 9、12、16、23 等。三是对某一类乐器的演奏技法或技术的研究，如例 5、7、20 等。四是对乐谱和版本的研究，如例 6、22 等。五是对某一类表演形式或艺术家的研究，如例 4、10、11、28 等。六是对表演研究方法的研究，如例 8。七是不容易归类的综合研究，如例 3、27。其中，有一些论文兼有多重研究类型，也体现出综合的特点，如例 9、12、15、16 等。下面对一些例文进行剖析。

### 《〈亚历山大·涅夫斯基〉的音乐表现与表演诠释》①

这篇论文是对普罗科夫耶夫的康塔塔作品《亚历山大·涅夫斯基》的音乐和表演的分析。论文所选择的作品是我们并不太熟悉的作品。由于该作品既是与电影合作又可以独立演出，因此成为颇有“话题性”的选题。文章最重要的特点是把音乐分析和表演融合在一起，也可以说以表演阐释为目标去结合音乐特征分析，即表现和诠释结合起来论述。论文采用“特征提取”的方式，从“音区运用”“演奏重音”“力度处理”“调性与声部层次”“配器音色”“独唱和乐队”六个方面来论述，抓住了作品最有特色的地方，使文章显得内容丰富，特征鲜明。除了最后一个方面从俄罗斯民族音调和作曲家参与创作的角度对独唱和乐队的咏叹调进行论述之外，其他几个方面都运用了谱例，对音乐特征进行了较为细致的分析。比如在“音区运用特色”部分，从几件乐器的声音平衡来论述；在“演奏重音”部分，针对不同的音乐情绪，采用不同的重音处理方法，使重音和音乐

---

① 林涛：《〈亚历山大·涅夫斯基〉的音乐表现与表演诠释》，《中央音乐学院学报》，2012 年第 4 期。

表现紧密地结合起来;在“力度处理”部分,从“空间感”来调度乐队的配合,从“画面感”来层次化力度的变化;等等。每个部分都有不同的分析角度,而且从“指挥家”的表演实践中深入音乐的表现去论述,使这篇文章的分析特色鲜明,材料的运用也比较得体。

## 《理·施特劳斯的〈降 E 大调小提琴与钢琴奏鸣曲〉——音乐与演奏》①

这篇论文选择了晚期浪漫主义作曲家理查德·施特劳斯的器乐作品《降 E 大调小提琴与钢琴奏鸣曲》作为研究对象,是以研究表演为主要目的的作品研究。论文在处理分析和表演的关系上采用了三个层次。第一个层次,从整体上对每个乐章的重要特征进行论述并结合表演处理。这个部分并未扩展成全篇的逻辑,而是重点论述每个乐章最重要的特点,把更重要的表演问题留给第二、三个层次。第二个层次,对小提琴的演奏技法进行论述,选取了“重音”“对比中的发音”“符合音准的节奏”“符合音色的指法”“音的准确度”“揉弦”六个方面的内容,结合谱例进行了较细致的分析。在这个部分,作者遵循了演奏技法为音乐情绪和表现服务的原则,而非单纯对演奏技法加以论述。比如指法要依据不同的音乐曲调特征和力度进行安排,还要符合情绪需要;揉弦要根据音乐情绪的变化采用不同的方式,或强或弱;等等。第三个层次,从室内乐演奏思维和意识的角度,论述了小提琴和钢琴的声部关系处理与合作关系,也凸显了这部室内乐作品与独奏作品的不同。此外,值得一提的是,作者在有关表演的论述中,还结合了名人录音的处理和自己的理解来论证,增强了观点的说服力。

---

① 王小蓓:《理·施特劳斯的〈降 E 大调小提琴与钢琴奏鸣曲〉——音乐与演奏》,《中央音乐学院学报》,2013 年第 1 期。

## 《来如雷霆去似江　绛唇珠袖传芬芳<br>——柳琴曲〈剑器〉音乐与演奏解析》①

这篇论文选择了民族器乐创作作品柳琴曲《剑器》作为研究对象，是同类研究相对较少而又很有意义的选题，凸显了柳琴从传统民族伴奏乐器逐渐成为独奏乐器的价值。第一部分，作者对《剑器》进行了有重点且简明扼要的分析，着重指出了作品融合中国传统音乐结构的发展手法和西方对比再现原则，形成了中西结合的有特色的结构形态，主题形象鲜明。值得一提的是，作者运用图表形式，将这首作品与以往传统的柳琴曲相比，得出了其在音乐创作上的"突破"，使作品的音乐特色一目了然。第二部分，作者对《剑器》的演奏技术进行分析，重点关注的是在技法上的开拓和创新，比如左手技术中的"单音带音""双手混合带音"，右手技术中的"全弹型"及"多位换把"技术，等等。第三部分，从演奏技术和作品内涵表现再次对作品进行分析，论述了引子部分考虑到柳琴乐器音色特征的"右扫"和"左带"交替配合，主题部分根据音乐发展采用的"软带""长轮"技法，等等，均强调了作品对于柳琴这件乐器在表现力开发上所体现的传统与现代的结合。整个分析体现出创作特征与表演技法的融合，属于特征非常鲜明的表演论文。

## 《解读拉威尔〈弦乐四重奏〉》②

这篇看似作品分析的论文实则是一位演奏家对拉威尔《弦乐四重奏》演奏问题的研究。第一部分，论文非常扼要地介绍了这部作品各个乐章的特征，这种概括性体现在不是面面俱到地详细叙述各个乐章的特点，

---

① 吴强：《来如雷霆去似江　绛唇珠袖传芬芳——柳琴曲〈剑器〉音乐与演奏解析》，《中央音乐学院学报》，2010 年第 4 期。

② 龚汉祥：《解读拉威尔〈弦乐四重奏〉》，《中央音乐学院学报》，2009 年第 3 期。

而是抓住最有特色的地方进行评述。作者非常强调版本和忠实于作曲家拉威尔的原始标记和表现意图,比如很注意每一个速度、力度等表情标记,这一点在第二部分也体现得很明显。第二部分,作者从速度、力度、弓子运用、拨弦、滑音及揉弦等几个表演诠释的问题来进行思考和论述。比如在力度问题上,举例分析了拉威尔对力度层次的要求;在弓子运用上,作者结合当时的小提琴演奏学派风格特征进行分析,比如在音色处理上的"轻柔""飘然"并带有"幻境感觉"的效果;等等。作者在每一个技法要点的论述中,都紧紧抓住作曲家的标记和要求,提供了忠实于原作的资料。因此,根据这篇论文的特点,论文的正文之外,还附上拉威尔《弦乐四重奏》四个乐章的法文术语表,以及拉威尔同时代法国重要作曲家弦乐四重奏创作年表(篇幅不长),这是一般发表论文所没有的部分,凸显了这篇论文整个论述观点中很重要的对于作品演绎的"原作"意识。

### 《我对现代筝曲〈九弄〉的二度创作》①

这篇论文研究的是现代筝曲《九弄》。作者从一个演奏家的角度对这部作品进行了多层次的剖析,主要包含两个方面的内容。第一个方面,是对作品的创作特征的分析,其中包括对这部作品特有的文化寓意和人文内涵的分析,以及对音乐形态特征的分析。在形态特征中突出了几个有代表性的创作特点:个性化定弦、非传统的"击打""止音"技法的运用。在这一部分,作者没有面面俱到,而是以突显古筝创作的"现代性"为特征对音乐形态进行了扼要的论述。实际上这种音乐形态本身就是一种演奏形态,作者的分析思路是以演奏为目的的分析。第二个方面,是对作品中涉及的演奏技术进行详细解析。这篇论文在演奏技术分析中采用了分类的方法,比如摇指技术中有"扎桩摇指""游摇",以及多种摇指技术结

① 刘静:《我对现代筝曲〈九弄〉的二度创作》,《中央音乐学院学报》,2015年第3期。

合使用；在气息控制上，把呼吸分为“内化气口”“正常气口”；在滑音技法中，归纳了滑音的多变性和稳定性两种不同的辩证关系的演奏效果。可以看出，作者的演奏分析体现了自己作为演奏家的思考和琢磨，是在结合作品特征的基础上提出的个人见解。

## 《论〈鲁斯兰与柳德米拉〉序曲的文本、分析与演绎》①

这篇论文是对格林卡的《鲁斯兰与柳德米拉》这部歌剧序曲的研究。这篇论文的特点在于，虽然也是针对某一部具体作品的分析，但是分析的步骤和方法不同于很多论文的音乐分析和表演技法阐释，而是构建了一个独特的“乐谱文本—音乐分析—演奏比较”的论文结构。在“乐谱文本”部分，作者研究了从作曲家格林卡的创作到乐谱保存的历史资料，并用表格展现了跨越一个世纪的重要乐谱版本的出版信息。在“音乐分析”部分，作者抓住了颇有特色的富有标题性的动机，如“拳头动机”“魔幻动机”“英雄动机”等，结合歌剧剧情，并穿插了作曲家创作时的奇闻趣事进行分析。在“表演诠释”部分，作者分析了三个乐团的不同演奏版本，着重考察了与演奏速度相关的表演问题，从宏观的速度布局到微观的细节处理，把速度的变化与音乐的表现和风格结合起来分析，较为深入和细致。同时，还举例论证了不同的演奏中的差异，并结合乐谱标记，分析了产生差异的原因。在表演版本分析中运用了较为先进的软件分析方法，呈现了速度变化和力度变化的细节图示。整体上看，在这篇论文中，作者建立了一个自给自足的论证结构，这个结构把乐谱、手稿、标记、音乐形态、演奏数据等多种因素综合在一起，既有历史资料的佐证，又有音响数据的展示，也有研究者的观点和态度，是一篇很有特色的表演研究论文。

---

① 杨健：《论〈鲁斯兰与柳德米拉〉序曲的文本、分析与演绎》，《中央音乐学院学报》，2013年第2期。

## 第三节　例文学习（二）

### 《踏出意念<br>——肖邦踏板记号的深层意义解读》①

这篇论文集中讨论了肖邦钢琴作品中的踏板标记和运用问题。论文第一部分，作者首先指出肖邦作品中的踏板标记和著名演奏家实际演奏的音响之间的差异，论证了踏板运用中存在的问题及解决方法，比如对于容易造成浑浊音响的踏板方式，演奏家均采用了灵活处理的方法。文中通过引用文献、研究乐谱、分析音响等多种手段的结合，来论述踏板中存在的问题，在研究方法上强调了表演者的地位。论文第二部分，作者从史学的角度研究了19世纪钢琴踏板运用的历史情况，通过对历史表演实践的相关文献和乐谱的研究，分析踏板运用的复杂性及其原因。论文第三部分，作者通过前面两个部分的分析，进一步用两个作品案例阐述肖邦作品中踏板运用的“深层含义”（一个例子从音乐结构的角度阐释踏板的意义；另一个例子从主题重复的表现说明肖邦踏板标记的意图，需要演奏家进行整体衡量），最后得出辩证处理踏板标记的结论。文章总体上运用了历史资料、乐谱和录音分析来阐述踏板问题，在表演专题的研究中有一定代表性。

① 许剑南:《踏出意念——肖邦踏板记号的深层意义解读》,《中央音乐学院学报》,2014年第3期。

## 《古典时期钢琴作品演奏中的力度——以贝多芬〈G 大调钢琴奏鸣曲〉为例》[①]

这篇论文是以"力度"为问题导向的表演研究论文，贝多芬《G 大调钢琴奏鸣曲》是阐述力度这个问题时所用的作品例子。论文第一部分，作者简要阐述了乐谱研究和音乐结构分析与表演的关系，从研究方法上表明了论文主要是从乐谱的历史语境和音乐结构分析中论述古典时期钢琴作品的力度问题。论文第二部分，作者阐述了早期钢琴的发展状况和演奏状况，旨在说明古典钢琴作品中力度的运用与历史条件相关。论文第三部分，论述了古典时期力度记号的记谱习惯，说明了古典时期的力度变化和演奏的操作具有历史局限性。论文第四部分，把力度标记放在曲式结构中进行论述，划分了五种类型的 f 力度标记，并在贝多芬的《G 大调钢琴奏鸣曲》中进行了详细的举例论证，分析了为什么贝多芬要在不同的地方写下渐强渐弱等力度标记，给出了依据结构分析而得出的力度处理的建议。总体来讲，这篇论文将曲式结构分析和表演中的力度变化的层次处理结合起来，弥补了以往分析和表演之间疏于联系的研究弊端，为表演研究提供了一种有效的视角。

## 《音乐表演表现力的多维视野——以〈梦幻曲〉的几个视频演奏版本为研究个案》[②]

这篇论文以音乐表演中的"表现力"这个问题为核心，通过对作品《梦幻曲》的三个不同的演奏版本进行比较分析，论述了"表现力"的多种

---

① 邹彦、刘莉：《古典时期钢琴作品演奏中的力度——以贝多芬〈G 大调钢琴奏鸣曲〉为例》，《中央音乐学院学报》，2017 年第 4 期。

② 高拂晓：《音乐表演表现力的多维视野——以〈梦幻曲〉的几个视频演奏版本为研究个案》，《中央音乐学院学报》，2013 年第 3 期。

表现维度。论文第一部分,简要介绍了研究的背景和选择视频样本的缘由。第二部分,通过原始文献分析和作品结构分析,对《梦幻曲》的创作背景和表现内涵进行阐述,为由此而涉及的表演的速度处理问题埋下了伏笔。第三部分,对三个视频演奏版本分别进行论述。值得一提的是,作者针对每一个演奏版本采用了不同的研究方法。比如对霍洛维茨的演奏,采用了程序分析和视频拍摄技术分析两种维度;对郎朗的演奏,采用了程序分析和基于视频观察的统计数据分析;对波吉的演奏,采用了语言和音乐结合的分析,以及拓展对比的"原创性"分析。论文通过不同研究方法的运用,从多个维度阐明了"表现力"的多样性。论文结论部分从"对标准的偏离""身体语言与音乐的关系""表演创造性和风格标识性""新媒介条件"几个方面对"表现力"进行了较为深入的总结。论文遵循了乐谱的文本标记与历史资料相结合、音乐结构分析和表演阐释相结合的内在逻辑,使历史与审美能够在某种程度上融合起来,并运用多种研究视角,建立表演判断和评价的理论观点。这是一篇结构独特、视角新颖的表演研究论文。

### 《净版乐谱的多面性<br>——对巴赫两首长笛奏鸣曲的净版乐谱分析及演奏诠释》①

这是一篇集中于乐谱版本比较的表演研究论文。文章总体思路是从乐谱的差异化到表演的解读,选取的例子是巴赫的两首长笛奏鸣曲。论文第一部分,指出了手稿和净版乐谱的区别,比如漏写升降记号、错音;然后用表格形式统计比较了几个不同的净版乐谱的异同,主要体现在临时升降记号、节奏型和装饰音几个方面。值得指出的是,作者利用了手稿作

① 张之悍:《净版乐谱的多面性——对巴赫两首长笛奏鸣曲的净版乐谱分析及演奏诠释》,《中央音乐学院学报》,2016 年第 2 期。

为参照，通过大量的谱例实例展现了许多差异性的乐谱细节，并得出净版乐谱从不同的修订和编辑的角度对手稿乐谱进行了校正，净版乐谱的差异会产生演奏效果的差异的结论。论文第二部分，通过对连线和装饰音的解读，论述了乐谱差异对表演效果的影响。在这部分，作者用权威录音资料提供证据，说明了表演诠释中演奏家对净版乐谱的灵活运用，通过大量的乐谱事实和表演音响的比较印证，得出了表演是对乐谱的"超越"的结论。表演者对乐谱的钻研和思考是演奏诠释的基础，只有以大量的乐谱研究为基础，才能为表演诠释的灵活处理提供合理的理由，而没有乐谱的深入研究，空谈"二度创造"是没有依据的。这种研究思路是表演研究中需要引起特别重视的。这也正是这篇论文的价值和意义所在。

## 《二胡演奏提琴改编曲之左手指法探究——以〈流浪者之歌〉为例》①

这是一篇探讨演奏技法的论文，而针对的作品是一首改编自西方小提琴的二胡作品《流浪者之歌》。改编所带来的左手指法问题成为这篇论文核心论题的焦点。论文首先指出，在近年的表演舞台上，在中国乐器上改编西方作品的现象逐渐增多，当西方经典而优秀的曲目被改编到中国乐器中时，难免会碰到各种技术上的问题，如何处理这些问题就成为研究的重点。然后，论文对多个方面的指法问题进行举例论述。这些方面有：根据作品音乐风格选择读谱法和把位概念，善用指距和弦法关系保证音的准确性和稳定性，根据音区及琴弦的音色特点涉及相应指法，从旋律进行中音色的统一和对比考虑指法，为增强情感表现采用特殊指法，从演奏的便捷性角度考虑指法。论文的整体内容较为丰富，较为全面地涵盖

① 卜晓妹：《二胡演奏提琴改编曲之左手指法探究——以〈流浪者之歌〉为例》，《中央音乐学院学报》，2012 年第 1 期。

了指法的方方面面，论述比较专业和细致。比如对“特殊强音”的解释说明对旋律“滞涩感”和滑音的处理以及对高难度乐句演奏中换把位和换弦的论述等，都显示出一位专业演奏家的经验和思考。值得一提的是，作者注意从改编曲改编之后的技术处理的角度，为这一类作品的表演研究起到抛砖引玉的作用。

## 《论钢琴缩编谱的演奏》①

这篇论文选择了钢琴演奏中较少被关注的缩编谱的演奏问题作为论题，这个问题也是在钢琴作为声乐伴奏、器乐伴奏和室内乐演奏中需要解决的问题。作者对这个问题进行了较为深入的思考，首先提出了“乐队化的想象力”“器乐化的钢琴谱”“合理化的技术调整”几个主要原则，然后重点论述了演奏钢琴缩编谱的具体手段。作者在其中采用了分类思维，对不同的演奏情况进行了较好的归纳总结，并给出了演奏的具体处理建议。比如，在较大的结构框架中，划分了“超出钢琴乐器演奏可能的情况”和“不能以钢琴演奏思维演奏的情况”；在内部结构中，把“持续音”分为“不破坏乐句律动的持续音”和“多声部持续音”；在“震音”中，分别从“贴近弦乐震音效果”和“改变钢琴高音区的音色缺陷”两个层面对“震音”的处理进行论述。这种分类思维，使得文章结构体现出层次性和归纳性，并且在每个部分都有较为细致的谱例举例和演奏要点的论述，在结论中得出从“纵”和“横”两个维度思考钢琴在改编谱演奏中的声部关系，并根据对作品的理解进行音响变化的观点。这篇论文整体上较为完整深入地阐述了钢琴缩编谱演奏的要点，对这一类作品的演奏具有建设性意义。

---

① 谢贝妮:《论钢琴缩编谱的演奏》,《中央音乐学院学报》,2014 年第 4 期。

## 《圆号演奏的基本构成要素及关系》①

这是一篇研究某一类乐器演奏技法的论文。圆号是铜管乐中最难演奏的一类乐器，在乐队中的意义也非常重要，有关圆号演奏的研究相对较为贫乏。这篇论文的论题虽然有些宽泛，但作者给出了较专业的演奏实践训练理论。作者在论文的一开始即指出了圆号演奏的核心要领——嘴型和气流的关系，然后较为详细地论述了嘴型的问题，特别是嘴型内部的状态、号嘴的压力强度作用和反作用，以及气息和口缝的关系问题。值得指出的是，除了对基本的理论要点有较为明晰和专业的解读之外，在论文的第三部分，作者还针对一些常见问题进行了举例论述。比如针对力度的变化和音高的变化，如何控制嘴型和气流，举了理查·施特劳斯《第一圆号协奏曲》的两个例子进行剖析；在解释嘴唇肌肉紧张和声音听觉效果的松弛度之间的关系时，以舒曼的《慢板与快板》为例进行分析，并提出了训练方法。整篇论文在圆号技术训练要点上体现了一定的针对性。

## 《论歌剧演唱中的角色转换——〈茶花女〉中薇奥列塔与〈魔笛〉中夜后的比较》②

这是一篇讨论歌剧中的演唱艺术的论文。作者采用了鲜明的比较式的研究方法，对《茶花女》和《魔笛》中的角色进行了对比分析，论述了如何用同一个女声演绎不同风格的音乐作品和塑造不同性格的人物形象。论文第一部分，分别对薇奥列塔和夜后两个歌剧人物的性格特征进行概要性分析和比较。论文第二部分，对这两个人物的主要唱段的演唱技巧进行了分析。作者运用了适当的谱例，根据剧情和人物性格的发展，对其

---

① 温泉：《圆号演奏的基本构成要素及关系》，《中央音乐学院学报》，2016 年第 2 期。

② 吴艳彧：《论歌剧演唱中的角色转换——〈茶花女〉中薇奥列塔与〈魔笛〉中夜后的比较》，《中央音乐学院学报》，2008 年第 1 期。

中的重要唱段进行了表演诠释，强调了其人物性格的变化带来的演唱技巧上的变化。作者特别总结了对薇奥列塔的人物刻画和演唱技巧要从“语感”“体感”和“乐感”几个方面进行把握，也强调了根据不同的作曲家风格去把握音乐的风格。最后，作者总结了“角色转换”的问题。由于这是两个属于不同时期不同音乐风格的角色，为了达到角色的不同要求，作者在表演实践中深入体会了角色性格和音乐风格所要求的声音条件，提出了根据这种对声音条件的不同要求来变化和调整演唱状态的观点，深化了角色转换的意义。

## 第四节　创造性写作

从上面列举的论文和所分析的一些有代表性的论文中可以看到，这些文章都是作者在较深入思考基础上的研究，它们体现出这样一些特征①：

第一，这些论文涵盖了音乐表演的方方面面，可见，音乐表演专业可以研究的选题是非常丰富的，问题是非常广阔的。任何一件乐器，任何一种表演方式，任何一种音乐体裁，任何一种表演技法，都有值得研究的内容，关键是看研究者是否有心发掘出来，而这取决于研究者是否愿意深入思考。

第二，这些论文中几乎没有两篇写作手法雷同或类似，每一篇文章都有自己的结构和特点，都有自己的亮点和重点，都有自己的见解和观点，其原创性价值较高。可见，这些论文都是根据各自的论题“量体裁衣”，构建出自身的结构和论述逻辑，而不是照搬照抄某种写作模式而形成的。

---

① 这些发表出来的论文之所以能体现出这些特征供大家学习参考，绝大部分是经过了多次修改，加上编辑的辛勤劳动，有的文章的修改甚至是大量的，从标题到结构，从文献到谱例，乃至语言表述都经过了大量的编辑加工。

这说明音乐表演论文的写作是丰富多样的。

第三，这些论文都立足于乐谱，以乐谱为依托，重视乐谱的标记和对作曲家创作意图的准确把握，对音乐特征的分析紧紧围绕表演的问题而展开，无论是曲式结构分析，还是音乐要素分析，都简明扼要，以表演为宗旨，而不是分析和表演脱节。这种以表演为核心的研究意识，使文章论述环环相扣，结构紧凑。

第四，这些论文都较好地交代了研究的来龙去脉，无论是对作品意义的阐述，还是对研究价值的评估，都有较适当的表达，写作中具体体现为有较好的开头（或引言）和结尾（或结论）。作者都适度地强调了论文的主要观点，使文章中心突出，主要内容和见解都容易给读者留下深刻的印象。

第五，这些论文都有比较清楚的标题和结构框架，逻辑有序地展开论述。在文章内部结构中能够运用分类的思维，进一步划分分论点，使研究显得有层次，比较细致和深入。实际上，这是写作的一种“等级结构观念”，能够形成延伸性的思考，有效地使研究思路分级、分层，读起来也会感觉层次清晰。

第六，这些论文中谱例、图表或图片等材料的使用都比较充分、合理。作者在文章中能够较好地运用各种例子来分析和阐述自己的观点，而不是只有空洞的理论。各个分论点之间的谱例运用也兼顾了结构的平衡。一些图表的运用使文章相应部分的内容一目了然，更能说明论述的问题。

第七，这些论文都能较好地处理历史文献，引证或引用适当的已有理论和观点来支持自己的论点，并且遵循较好的学术规范，有清楚的标注或注释。在结合文献、乐谱标记和音乐分析的过程中，还结合了历史录音和音响进行佐证，以及运用比较的研究方法，使文章的论证过程更充分和有说服力。

第八，这些论文的作者除了少数是理论家之外，大多数都是表演艺术家。理论家也都有表演经验。从这些论文中可以看出，作者对所研究的作品的风格特征、技法特点和表演实践非常熟悉并深有体会，所以才能挖掘出较深入的细节来进行分析，从而得出整体的论点，提出具有建设性的观点。

可以毫无疑问地说，论文写作就是思考，是研究，是创造性劳动。对论文写作的认识，是决定研究者是否能写出好论文的关键。创造性写作是以学习写作为基础的，一方面，创造性写作并不排除模仿、学习别人的写作模式；另一方面，创造性写作又不局限于某种写作模式。

首先，创造性写作的基础是模仿学习。从前面各个章节的论述中我们看到，论文标题的拟定有一定的技巧和规律，正标题和副标题的搭配和安排也有一定的讲究。从上述举例中我们也看到，这些标题要么简洁明了，要么正副标题分工明确。文章的开头和结尾的部分也有一定的模式可以遵循。比如，针对某一部特定的作品进行研究的论文相对较为普遍，很多文章都会在引言部分介绍作品的创作背景和研究意义，但是这个部分不宜冗长，而是应该简洁。从举例中的论文我们也看到了，在这一点上，这些论文的处理都较为适当。而论文的主体和核心部分才是重点，需要用大量篇幅进行论述。因此，在结构安排上，孰重孰轻，自然非常清楚。对于以表演技法为主的论文，音乐分析部分也是“简略”的，重心是落到技法阐述部分。但有的论文会把音乐分析和表演技法合起来写，而不是分开写，即一边进行分析，一边论述表演。这种方式也是可取的，这种写法不仅可以避免重复论述，而且能够有效防止分析和表演脱节。同时，前面讲到的“分类”思维或“等级结构观念”也是可以学习的思维模式。配合这种思维模式，研究者可以在论文的结构布局中形成“特征提取”式的要点论述，也就是说，形成很好的分论点的论述。这样可以突破“流水账”式的写作步骤，打破“从头到尾”分析的陈规，使论文重点突出，容易产生亮点。总之，从很多方面看，表演论文写作都有可以掌握的模式，初学者可以根据这些要点模仿学习。

其次，创造性写作的含义在于，研究者虽然可以模仿一些思维方式和写作模式，但绝对不要照搬照抄。作为一个论文写作的指导者，或者是教论文写作课的教师，笔者唯恐一旦告诉学生一种写作模式，就会使这类论文写作“千篇一律”。然而，从前面的举例中我们非常庆幸地看到，原来表演论文可以如此丰富多样而不雷同。笔者也尽量试图避免“范文”的概念，因为即使每一篇论文都有可圈可点之处，但是仍然有一些不足，并非完美，所以，作为“例文”举例说明，让学习者能够学习其中的长处即可。那么，写作者如何避免陷入模式之中呢？笔者认为要有“独特性”意识。这就需要我们认识到：每一部音乐作品都是独特的，每一个举例分析都是独特的，每一个研究者的思考都是独特的，每一种与表演有关的心得和体会都是独特的，每一种表演技法对研究者的影响也是独特的，只有当所有这些都是独特的时候，我们的写作构思才是独特的。从心而发的感受，融入每一个研究者的写作过程，化作每一个有针对性的论文框架，这样写出来的论文自然就不是模式化的，而是原创性的。依据不同的作品，研究者要挖掘其独有的特征；对于不同的技法，研究者要挖掘其独特的处理；甚至，对于我们正在研究的论题，要尝试不同的研究方法和切入的视角。论文写作是可以创新的。

再次，创造性写作除了需要研究者具有一定的逻辑思维能力、专业知识、语言组织能力和写作能力之外，还需要有创作的激情。写作和表演一样，如果一位表演者都不热爱自己表演的作品，对自己表演的作品无感，那么他（她）将如何把作品阐释给观众？如何打动观众？如果一个研究者，对于自己所写的内容完全没有想法和体会，只是想着复制和粘贴，那么他（她）怎么可能写出创造性的论文？之所以说写作与表演一样，是一种创造，是因为当研究者把写作视为一种发自内心的冲动，要把自己的体会和感受写下来的时候，自然会想办法去创造属于自己的论文结构和论述逻辑，去创造属于自己的语言表达和分析表述，自然会突破一切模式和框架，驰骋在那个属于“自我”的思考和表达之中。笔者在论述了那么多理性的写作知识或所谓技巧之后，仍然希望学习者能够从更高的层面认识真正的写作。真正的写作，是需要感性力量支撑的，而这个力量或许是比理性更为持久的力量。因为不言而喻，理性的写作常常会伴随着“完成学业”“评职称”等“杂念”。那些急于求成的、急功近利的想法常常会腐蚀“创造性写作”的本质。当然，创造性写作需要感性与理性的融合。精诚所至，金石为开，表演论文的写作并没有想象中那么困难，理论和实践的鸿沟是很容易跨越的。只要我们用一种研究的态度去对待写作，把写作作为思考的内在需要和外化体现，把写作视为一种研究的需要和专业理论提升的需要，把写作与表演实践视为创造性活动的体现，我们就一定能写出高质量、有价值的论文。

# 后　记

这本书写完之际,我有很大的成就感。虽然指导论文写作或者写一本有关论文写作方法和技巧的书是一件很困难的事情,因为“写作”有时很难被“指导”。但是,我却惊讶地发现,原来论文写作有这么多值得注意的要点和可以学习的内容,这是我在写这本书之前都没有预料到的。因为,这本书的写作也伴随着我自己的不断思考和总结。直到我认为基本内容都已经涉及,可以结束的时候,我才意识到,反思论文写作,并把这本书的内容作为论文写作的参考书,是一件多么有意义的事情。

音乐表演论文的写作是一个“老大难”问题。我从 2014 年开始,在中央音乐学院教了硕士生的学位论文写作课,这门课不是针对音乐学系的学生,而是面向所有表演系的学生,如指挥系、钢琴系、民乐系、管弦系等。在任教学位论文写作课的几年里,我看到很多学生在写程中遇到了困难和问题,一直寻找着契合他们的论文写作教学方法。我毕业于音乐学系,受过较好的音乐学论文写作训练,但我认为,表演系的论文写作与音乐学系的论文写作是很不一样的,虽然有很多相同的写作规范和要求,但是却不能把音乐学系的论文写作方法原封不动地教给表演系的学生。于是我开始思考表演系的论文写作应该如何教学,这种思考也伴随着我长期以来所从事的音乐表演研究。

我从 2007 年毕业后任《中央音乐学院学报》编辑,这是一个很高的学术修炼平台。在这个平台上,我一边做编辑,一边做研究,一边教学,我把这三类工作深深地联系在了一起。我发现,编辑、研究和教学工作相互促进,长期的编辑工作经历促使我进一步思考表演专业的论文写作问题。

因为，在编辑审稿工作中，我看到很多表演专业的老师所写的论文都不理想，这些老师远不局限于本校，而是全国范围内的，他们大多数有丰富的表演实践经验，但是却没有受到过论文写作方面的学术训练，不懂得如何进行研究，很难写出有质量的研究性论文。工作中，我经常会和这样的老师沟通和交流，从中懂得了他们的困难和处境，这促使我进一步思考应该如何去指导这样的老师写作表演方向的论文。

2017 年我获得国家留学基金委资助赴美国芝加哥大学访问学习。在这期间我旁听了芝加哥大学有名的"小红屋"论文写作课。这门课是面向全校学生的，由几位有经验的教师联合以讲座的形式给学生们讲解论文写作的技巧和方法。同时，我也旁听了芝加哥大学一些学术研讨课，深深体会到思考的力量和学术训练的重要性。这种训练折射出美国一流大学对学生的思维训练和创造性培养的观念。这些学习体验使我收获很大，促使我思考国内音乐表演专业的师生如何通过论文写作走向研究性的学术发展道路，或者说如何通过研究使自己的表演实践和理论修养能够融合到论文的成果中。

于是，在多种因素的促动下，我决定把自己的经验和体会写出来，写成这本《音乐表演专业论文写作基础》，让大量面临这一问题、有这方面需求的老师和学生能够懂得这类论文写作的意义和基本方法。虽然仅仅通过这么一本指导书很难使他们获得全面的学术训练，但是我真心希望书中的很多观点能对他们产生哪怕一丝影响，促使他们不断自我学习和修炼，成为有思想的艺术家，会思考的艺术家，会写作的艺术家，能够为音乐表演艺术留下更多的系统性成果，而不止于舞台表演实践。也许，这种愿景过于宏大，仅从实际出发，希望该书能为音乐表演论文写作的学习者提供参考和借鉴。

该书虽然自称"基础"，但内容很有限。整本书的内容都出自笔者的自我经验和体会，有时甚至是自我设想的问题和解决方法，疏漏之处和错误之处在所难免，恳请学习者批判性地阅读和学习。也希望此书能够成为今后与同行们进一步探讨音乐表演专业论文写作问题的基础。

高拂晓

2018年5月于美国芝加哥大学

# 参考文献

①卜晓妹:《二胡演奏提琴改编曲之左手指法探究——以〈流浪者之歌〉为例》,《中央音乐学院学报》,2012 年第 1 期。

②高拂晓:《多元化发展中的音乐表演研究——英国第四届音乐表演研究网络国际会议综述》,《中央音乐学院学报》,2016 年第 4 期。

③高拂晓:《精诚所至　金石为开——从〈中央音乐学院学报〉审稿谈音乐学论文写作问题》,《人民音乐》,2012 年第 6 期。

④高拂晓:《迈尔音乐风格理论的美学阐释》,《黄钟》,2009 年第 3 期。

⑤高拂晓:《音乐表演表现力的多维视野——以〈梦幻曲〉的几个视频演奏版本为研究个案》,《中央音乐学院学报》,2013 年第 3 期。

⑥高拂晓:《音乐表演论文写作问题与对策——四个案例的剖析和解读》,《中国音乐》,2016 年第 4 期。

⑦高拂晓:《音乐表演艺术论》,重庆:西南师范大学出版社,2018 年。

⑧高拂晓:《中外音乐表演理论研究进展及比较和评价》(上、下),《中央音乐学院学报》,2011 年第 3 期和第 4 期。

⑨龚汉祥:《解读拉威尔〈弦乐四重奏〉》,《中央音乐学院学报》,

2009 年第 3 期。
⑩［德］黑格尔：《美学》（第一卷），朱光潜译，北京：商务印书馆，1995 年。
⑪胡乔木：《中国大百科全书》，北京：中国大百科全书出版社，1993 年。
⑫［美］卡尔·西肖：《音乐美的寻觅》，郭长扬译，台北：全音乐谱出版社，1970 年。
⑬［美］凯特·L. 杜拉宾：《芝加哥大学论文写作指南》（第八版），雷蕾译，北京：新华出版社，2015 年。
⑭［德］康德：《判断力批判》，杨祖陶、邓晓芒译，北京：人民出版社，2002 年。
⑮［古罗马］朗吉努斯：《论崇高》，章安祺编订，缪朗山译，《缪灵珠美学译文集》（第一卷），北京：中国人民大学出版社，1985 年。
⑯刘静：《我对现代筝曲〈九弄〉的二度创作》，《中央音乐学院学报》，2015 年第 3 期。
⑰刘月华等：《实用现代汉语语法》，北京：商务印书馆，2001 年。
⑱林涛：《〈亚历山大·涅夫斯基〉的音乐表现与表演诠释》，《中央音乐学院学报》，2012 年第 4 期。
⑲［美］尼古拉斯·库克：《化圆为方：肖邦玛祖卡录音中的乐句拱形》，高拂晓译，《乐府新声》，2013 年第 1 期。
⑳滕守尧：《审美心理描述》，成都：四川人民出版社，1998 年。
㉑王次炤：《音乐美学基本问题》，北京：中央音乐学院出版社，2011 年。
㉒王小蓓：《理·施特劳斯的〈降 E 大调小提琴与钢琴奏鸣

曲〉——音乐与演奏》,《中央音乐学院学报》,2013 年第 1 期。
㉓王兆鹏:《现代汉语的使动用法》,《汉字文化》,2002 年第 4 期。
㉔温泉:《圆号演奏的基本构成要素及关系》,《中央音乐学院学报》,2016 年第 2 期。
㉕吴艳彧:《论歌剧演唱中的角色转换——〈茶花女〉中薇奥列塔与〈魔笛〉中夜后的比较》,《中央音乐学院学报》,2008 年第 1 期。
㉖吴强:《来如雷霆去似江　绛唇珠袖传芬芳——柳琴曲〈剑器〉音乐与演奏解析》,《中央音乐学院学报》,2010 年第 4 期。
㉗谢贝妮:《论钢琴缩编谱的演奏》,《中央音乐学院学报》,2014 年第 4 期。
㉘〔德〕谢林:《艺术哲学》,魏庆征译,北京:中国社会出版社,1997 年。
㉙许剑南:《踏出意念——肖邦踏板记号的深层意义解读》,《中央音乐学院学报》,2014 年第 3 期。
㉚新华通讯社译名室编:《世界人名翻译大辞典》,北京:中国对外翻译出版公司,2007 年。
㉛新闻出版总署科技发展司、新闻出版总署图书出版管理司、中国标准出版社编:《作者编辑常用标准及规范》(第三版),北京:中国标准出版社,2011 年。
㉜杨健:《论〈鲁斯兰与柳德米拉〉序曲的文本、分析与演绎》,《中央音乐学院学报》,2013 年第 2 期。
㉝于润洋:《现代西方音乐哲学导论》,长沙:湖南教育出版社,

2002 年。
㉞张前:《音乐表演艺术论稿》,北京:中央民族大学出版社,2004 年。
㉟张前:《音乐美学教程》,上海:上海音乐出版社,2002 年。
㊱张前、王次炤:《音乐美学基础》,北京:人民音乐出版社,1992 年。
㊲张之悍:《净版乐谱的多面性——对巴赫两首长笛奏鸣曲的净版乐谱分析及演奏诠释》,《中央音乐学院学报》,2016 年第 2 期。
㊳中央音乐学院研究生部:《研究生教学管理手册》,内部发行,2017 年。
㊴中央音乐学院学报编辑部:《〈中央音乐学院学报〉》2018 年稿约及著录规范,《中央音乐学院学报》,2018 年第 1 期。
㊵中央音乐学院《音乐百科全书》编辑委员会编:《音乐百科全书》,北京:中国大百科全书出版社,2014 年。
㊶周定国主编:《世界地名翻译大辞典》,北京:中国对外翻译出版公司,2008 年。
㊷朱光潜:《文艺心理学》,上海:复旦大学出版社,2011 年。
㊸邹彦、刘莉:《古典时期钢琴作品演奏中的力度——以贝多芬〈G 大调钢琴奏鸣曲〉为例》,《中央音乐学院学报》,2017 年第 4 期。
Bruno H. Repp, "A Microcosm of Musical Expression: I. Quantitative Analysis of Pianists' Timing in the Initial Measures of Chopin's Etude in E Major", in *Journal of the Acoustical Society of A-*

merica. 1999, (106).

Bruno H. Repp, "Expressive Timing in Schumann's Traumerei: An Analysis of Performances by Graduate Student Pianists", in *Journal of the Acoustical Society of America.* 1995, (98).

Carl E. Seashore, *Psychology of Music.* New York: Dover, 1938.

Edward T. Corn, *Musical Form and Musical Performance.* New York: Norton, 1968.

Heinrich Schenker, *The Art of Performance.* Translated by Irene Schreier Scott, New York: Oxford University Press, 2000.

John Rink, "Analysis and (or?) performance", in *Musical Performance: A Guide to Understanding.* Cambridge: Cambridge University Press, 2002.

Kate L. Turabian, *A Manual for Writers of Research Papers, Theses, and Dissertations*, 7th Edition. Chicago: The University of Chicago Press, 2007.

Kate L. Turabian, *Student's Guide to Writing College Papers, Fourth Edition*, Chicago: The University of Chicago Press, 2010.

Neil P. Todd, "A Model of Expressive Timing in Tonal Music", in *Music Perception.* 1985, (3).

Neil P. Todd, "The Dynamics of Dynamics: A Model of Musical Expression", in *Journal of the Acoustical Society of America.* 1992, 91(6).

Peter Kivy, *Authenticities: Philosophical Reflections on Musical Performance.* Ithaca: Cornell University Press, 1995.

Rita Felski, *The Limits of Critique*, Chicago and London: The University of Chicago Press and London, 2015.

Stanley Sadie(edited), *The New Grove Dictionary of music and musicians*, Printed and bound by Quebecor World Taunton Massachusetts, U. S. A. 2001.